U0919566

教育部基地重大课题“农村社区的成长、转型与城乡社区衔接问题研究”（“卡特”中心，2007JJD840192）最终成果

浙江村庄转型研究丛书

论城乡社区衔接

毛丹　陈建胜　彭兵　著

中国社会科学出版社

图书在版编目(CIP)数据

论城乡社区衔接／毛丹，陈建胜，彭兵著．—北京：中国社会科学出版社，2016.8
（浙江村庄转型研究丛书）
ISBN 978－7－5161－8214－7

Ⅰ.①论…　Ⅱ.①毛…②陈…③彭…　Ⅲ.①社区－城市建设－研究－中国②乡镇－社区－建设－研究－中国　Ⅳ.①D669.3

中国版本图书馆CIP数据核字(2016)第109514号

出 版 人　赵剑英
责任编辑　宫京蕾
特约编辑　大　乔
责任校对　季　静
责任印制　何　艳

出　　版　中国社会科学出版社
社　　址　北京鼓楼西大街甲158号
邮　　编　100720
网　　址　http：//www.csspw.cn
发 行 部　010－84083685
门 市 部　010－84029450
经　　销　新华书店及其他书店

印刷装订　北京市兴怀印刷厂
版　　次　2016年8月第1版
印　　次　2016年8月第1次印刷

开　　本　710×1000　1/16
印　　张　11.75
插　　页　2
字　　数　160千字
定　　价　38.00元

作者写作分工：第一章、第二章：毛丹；第三章：彭兵、毛丹、王萍；第四章：毛丹、陈建胜；第五章：陈建胜、毛丹

目 录

第一章　导论　城乡社区衔接的前景与问题

一　何谓城乡社区衔接

中国至今仍然是一个农村人口大国，至少几十年内仍将有数亿人口生活在农村地区，① 农村需要长期建设其实是毋庸讨论的。又由于农村跟城市不同，生产与生活通常是与社区捆绑在一起，农村社区建设与农村建设几乎是相互涵盖或重叠的。因此，中国要是真把农村搞好，必定是要以好的农村社区为标志的；中国要是真走出一条与常规资本主义发展过程相区别的城乡均衡发展的道路，必定是要以良好的城乡社区衔接为基础工程和显著特征的。

这里提出的城乡社区衔接，跟城乡区块化发展的概念既有关又有异。后者是最近几十年间发达国家在解决城乡分离发展、乡村日趋衰弱的过程中明确提出来的。它主要强调城乡区块化发展极其依赖于城乡之间的衔接，要保障村庄与大社会、与城市社区形成联合体。1994年以来，这一政策主张受到联合国人居署的持续倡议。2000 年 7 月有 1000 个城市代表参加的城市未来全球大会，曾发表“关于城市未来的柏林宣言”②，强调重新认识城市与区域、城乡之间以及偏远地

---

① 计生部门有种估算，认为中国人口将在 2033 年达到峰值 15 亿。（研究者依据各自数据和算法有不同的预测，例如中国社会科学院劳动经济研究张车伟团队说中国人口在 2026 年达到峰值 14.13 亿。参见张车伟：《人口对我国经济社会发展的中长期影响及其对策建议》，《人口与计划生育》2015 年第 4 期）依此而言，如果中国城市化率同期达到百分之七十、八十甚至九十的水平，那么仍然有数亿人口将长期生活在农村。

② Virchow and Braun，2001，*Villages in the Future*：*Crops*，*Jobs and Livelihood*. New York：Springer，pp. 367 – 368.

区之间的相互依赖关系，倡言从城乡分离转向城乡合作，使乡村最终具备城市的品质，城市地区也呈现乡村的特质，促使城乡分离（rural-urban divide）越来越被区块（regional agglomeration）所取代，否则将不利于城市问题解决，不利于解决人口单向流向城市寻找工作机会的问题，并且会使乡村地区在全球化过程中更加被边缘化。而本书强调的城乡社区衔接，除了希望减少上述观念中的某些城市本位色彩外，更是指不仅城乡衔接应成为与城市化并行的、并用以解决城乡二元化的基本路径，更是指城乡社区衔接应当成为城乡衔接与区域发展的基础内容，以消除村庄与城市的传统区分的根基，城乡区块化发展最终要落实为城乡社区的平等衔接，既不是消灭村庄，也不是城乡隔离，而是确立一种有机联系城乡经济和城乡社区的衔接带。它在理论上是指：（1）在相对消极的意义上，承认城乡经济、城乡社区是有差别的，这种差别是普遍现象，而不是发展中国家所独有。（2）在积极的意义上，承认经过对农村社区基础设施的大幅度改善，确立城市和村庄之间的路、讯、人、货的四畅通，可以达到城乡社区生活条件的基本均等；依然存在的村庄社区，主要是为依然存在的农业从业人员提供便利的社区条件，并且向城市中选择乡村生活的返郊、返村的人口开放；大城市、中小城市、小城镇、中心村与其他村庄等，形成一个经济上互为支持和补充、文化风格不同但是彼此平等、社区基本生活类型不同但品质差别并不悬殊的链接带，各自都是这个衔接带上不可替代的纽结。

中国在这方面的现有实践进程还不容乐观：改革前几十年选择的是城乡二元化发展道路；改革中前期逐渐偏重于推动城市化；改革中后期进行的新农村建设、农村社区建设和新型城镇化建设为农村社区输入了前所未有的资源条件，然而，农村社区应该是什么样，它有没有未来，最终方向是否为城乡社区衔接？这些问题仍然都较缺乏学理确认，更未在政策选择上看到清晰的描述。难怪在目前的实践中，农村社区还会边建设边受到或明或暗的怀疑。

为此，我们不得不问一个问题：为什么走向城乡社区衔接会充满困难或诸多不确定性？

二　不确定性：不利于“三农”的商品定价系统

不确定性首先来自工业化时代几乎一直存在的对农业、农村、农民不利的定价系统和环境。工业化时代是市场经济的天堂。按照亚当·斯密式的观察或信念，如果不施以“看得见的手”干预，商品价格会通过需求与市场供给之间的平衡调节机制而自动趋向自然价格，而这个“自然”则是合情合理的代名词。可是，工业化时代不是所有商品及其生产者的天堂，商品自然价格未必都是那么“自然”得合情合理。在由市场供求关系决定价格的调节机制下，粮食和其他农产品这类生存、生活的必需品，愈是因为必需而显得重要，愈是需要大量生产以达到充分供给；而愈是能够大量生产和供应，其价格也就愈低，产品也就愈发显得不重要，最后连带着农产品生产者的经济地位和社会地位也被相应拉低。重要到成为必需品的农产品，因为能够充分供给而变得不重要而给予较低市场价格，在主张完全由市场供求关系决定价格的经济学观点看来，不仅是合理的资源配置过程，而且应该被描绘成摆脱了愁粮愁穿的低级阶段、生产能力高速发展、文明迅速进步的标志。农产品太便宜了可以不生产或少生产，直到供给少于需求则价格自然会反弹；不愿接受农产品和农业劳动力低价格的生产者可以转业做别的，直到价格反弹到有吸引力的时候自然会再有劳动力和资本进入；一切终归会回到人们情愿接受的自然价格，这是再正常不过的过程了。

但是，这种状况在社会意义上却是不自然、不正常的，充满了显而易见的不公平，甚至也充满了经济学上的不经济。为这种不公平作经济学辩护者，既不在意所谓自然价格不重视劳动价值是否正当，也不理睬一些农业经济学家的重要发现，例如，农产品生产周期长、不确定影响因素多，生产者客观上无法及时和仅仅根据市场需求和价格来调整生产，以争取农产品定价优势；粮食产品供应量通常不容有大波动；农业劳动者的跨生产部类就业有特定困难，等等，因此要求农业、农民保持生产又独自承担因为无法灵活应对市场变化而蒙受的低价格、低社会地位待遇，是不正确的，根本上也是反经济的。但奇怪的是，要在一切领域因而也在农业上完全实行由市场供求关系决定价格的主张，一直不被很多人视为荒谬，而且农产品低价格的态势在工业化时代的经济生活与社会生活中总体上也是一直维持着，最后变得越来越被熟视无睹。我们说不清楚发生这种情况是否跟人们在天性上不能或不习惯分辨自己的需求和欲求、并且更加乐求奢侈性消费的病态有关，不过我们大概能看清，工业资本（家）主义在利用这种天性上发展出了各种高超的技艺，比如，一头不断以奢侈品与新产品激发消费要求和奢侈性消费要求，以刺激生产并持续产生盈利（新产品就其并非必需，以及诱发消费而言，本质近乎奢侈品）；另一头阶段性、有技巧地回避产品充分供应以免迅速招致低价格，等等。五花八门的驾驭市场和价格的高超策略和技艺，不仅避免了使工业产品因为大规模生产而陷入类似农产品的定价困境，而且大规模激发起工业化时代全社会的奢侈性消费倾向，后者显然又倒过来增加了全社会对农产品、农村、农民的轻贱鄙视。很多工业化早期、中期的国家，政府为便于从工业增长中更多地征税和盈利而采取各种有利于资本或与资本结盟的政策，乍看是主动把“看得见的手”缚起来、闲下来，实则是只手抬工贱农，对农业、农民、农村的衰敝推波助澜、雪上加霜。

农产品长期处在市场价格劣势、农业生产者收益低微、农业的经济地位和农业生产者的社会地位低下，这之间形成和维持着一个因果链；而农村社区的地位和意义变得灰暗，就会成为这条因果链的下一个结果。要避免因果链的尾，需从改变因果链的头做起。但是这充满了显而易见的困难。

三　政府在农村社区问题上的困难选择

扭转灰暗一定需要“看得见的手”，而国家恰恰容易陷入选择困难。不仅下决心、想办法扭转前述自然的价格系统中不自然的部分是极为困难的，而且在具体看待农村社区方面也会出于多年积习，在下述三个基本问题上比较容易出现认知模糊，或者在利益权衡上陷于犹豫。

第一个问题是怎么对待资本觊觎农村土地与劳动力并瓦解村庄共同体。一些经济史研究和经典社会学研究曾反复揭示，在建立市场经济的过程中，资本主导的市场力量需要一个条件，即把原本不属商品的货币、土地、劳动力都归入商品，资本才有利可图，为此满心希望把劳动力和土地从家庭、村庄之类的共同体中分离出来；资本还有一个奢望，就是最好把社会市场化，即让一切社会制度转向或适应营利目标、效用原则，把社会变成市场社会，[①] 以便实现简明的关系：一方是追求营利的资本，其他都是资本支配的商品，从而摆脱一切社会公正的牵制而实现市场公正。共同体却持另一种禀性，它甚至被视为这样一种社会结合方式：人们在其中互相帮助以满足需求，彼此有一些共同的利益和可以分享的文化，有一些联结纽带以维持这个团体。它表达的是反对一切社会生活方面都商品化、价格化，要求在市场交换之外为团体边界内成员保留非市场经济性质的互助与交换。共同体显然可以有社会限度地接纳市场经济，市场力量依其自然禀性则一心鲸吞共同体。在此意义上，市场力量与共同体是天敌，其中强势的一方是资本主导的市场力量。通常当这两种社会要求冲突到需要政府出来治理时，政府选择似乎总是两难的。节制资本并保护社会规则，有利于经济嵌入社会，形成社会大于经济、经济包含并大于市场的平稳格局，有利于政府扮演社会管理权威的应然角色从而赢得合法性。与资本合谋，放任市场侵蚀社会，则一般有利于政府参与市场利润分肥。就农村社区这类共同体而言，站在资本立场上看，只有作为生产主体的劳动者与生产资料一样成为纯粹的商品（而且劳动者所需的生活物品也必需作为商品生产出来），资本与生产活动的主体之间才能建立起由资本全面支配劳动的、市场经济性质的关系，因此，土地必须从农民手中剥离，农民则必须作为自由劳动力个体从农户和村落共同体中分离，成为市场里弱势的一员。为了把农村劳动力和土地全部纳入作为价格形成系统的市场，不仅需要切断劳动者与共同体的联

① ［英］卡尔·波兰尼：《大转型——我们时代的政治与经济起源》，冯钢等译，浙江人民出版社 2007 年版。

系，釜底抽薪式地瓦解村落共同体、农户家庭共同体及其规则亦是必需的，甚至是决定性的条件；因为无法设想共同体可以像自由劳动力个体一样便于在市场交易，也无法设想这些自由劳动力个体进入市场、工厂后，继续奉行村落共同体成员的原则与规范，使共同体规则影响或取代效用最大化原则。

所以，资本主导的市场力量必定要冲击农村，冲击焦点则必定是村落共同体及次一级共同体农户家庭。如果社会保护、国家保护方面没有比资本更强大的力量和干预，市场力量断然不会放弃对农村社会特别是村落共同体的瓦解，虽然途径可以多样、形式可急可缓。由于农民在此过程中通常要付出惨痛代价，并且成为市场中的弱者，社会、国家究竟应该如何对待这些村庄及其居民，显然不仅仅是一个经济学上的效用计算问题，更是一个社会公正与社会立场问题，也是一个如何对待市场与社会的关系，即是否支持经济从社会中脱嵌的问题。政府作为市场和村庄共同体之上力量最大的第三方，如果站在社会一边，不仅要全力捍卫劳工权益以间接保护农民，而且要全力保卫农村土地权益以直接扶持村庄共同体发展；如果顺从资本一方，一定会放任甚至参与资本扫平村庄；要是陷于两难选择而不自拔，那么，村庄作为共同体的前景就一定是不确定的。

第二个问题是怎么评价社区与社会的关系以及社区在当代社会的意义。社区或共同体是否有意义在社会实践和社会理论上基本属于已经解决的问题：也许只有市场权贵不需要共同体，可以在原子化社会中如鱼得水。就普通社会成员而言，社区作为小型、较为紧密、地域或地方性的共同体，仍然是家庭之外一个很需要的日常群集生活形态，除了满足共同体成员间所需要的非市场经济的交换与互助之外，也是人们感知伙伴关系存在、学习和分享文化、认知社会并实现社会化的基本场所。因此，一个现代社会真正需要解决的问题，不是如何尽快把社会成员逼入原子化状态，而是在促进共同体内部健康的同时妥善建立和促进共同体之间的联结。相对而言，之所以村庄社区作为共同体的意义还不被充分确认，可能主要出于两个认知。其一，农村社区纽带较强、文化可分享性较高、市场交换之外的互助交换较多，向来被认为基于社区成员同质化，同质化又基于相似的小农经济。因此，农村社区是分工不发达基础上的落后社区的典型类型。其二，同质化高的农村社区与异质化的城市社区或共同体的联结无法实现。前一个认识在理论和实践上应该都不成立。因为同质化可以是文化团结的一种基础，但是文化团结与同质化并不必然关联。农村社区文化可分享性高的同质化基础可以被稀释转变，但是文化可分享性高本身却是应该传袭的优点而不是农村社区落后的表征，是现代社区要争取的目标，是城市社区需要向农村社区汲取营养之处。第二个认识也属勉强。如果打个比方，把日益扩张的城市社会比作茫茫大陆，把弱小而边界较清楚的村落共同体视如小型岛屿，那么，人们建立与发展两者间的联系就犹如设法过海。过海方式或策略实际上有四种。第一种是原本处在岛屿的居民（村落共同体成员）自然地以船过海，与其他岛屿及大陆做各种必要交换，彼此关系相对不密切、不方便，但是可以取其所需，其中的经济交换可能是非市场交换性质也可能是市场经济性质的。某些国家和社会听任乡村地区和村落共同体自生自灭的选择，大体属于这一类方式。第二种是激烈方式，一如莫尔设计的乌托邦掘岛工程，把原本联结大陆的半岛挖成岛屿，岛民过海与世界往来只能通过船只。在现代社会，它表现为要求简单强化村落共同体的主张和行动，属于反市场化、反城市化的方式。第三种方式与乌托邦掘岛工程逆向，即实施填海工程，人为建立岛屿与岛屿、岛屿与大陆的陆行联系，把所有岛屿最终都变为陆地。填海工程的造价昂贵，岛民从此可以自如陆行，但是走远了、走久了可能不再回来，或者想回来而迷路。在现代社会，纯粹以市场经济方式扫荡村落共同体，从而满足市场力量对于自由劳动力和土地的觊觎，属于典型的社会填海工程。第四种过海方式，则是本书要讨论的建立恰当的、旨在减轻或消除城乡社会不平等的城乡社区衔接，如同造跨海大桥，既以最小环境代价和小农权益最大化的方式建立起岛屿间、陆岛间的快捷交通，又保持岛屿生活的可选择性；跨海大桥还需有不同于普遍桥梁的形制设计——包括在公民个体间友善原则之上推动共同体之间的友善政治伦理。

国家以及包括村落共同体在内的社会力量在以上四种方式中究竟选择哪一种，显然会直接影响村庄的命运。

第三个问题是怎么看待农民在农村社区中能否成长为合格公民，或村庄共同体与公民社会是否相容。把农村、村庄大量存在视为落后，通常隐含着一个判据，即村庄是所谓农民习气的温床，村庄培育的是与现代公民相反的落后国民，农村社区作为地方性共同体与公民社会不相容。如果站在对立方面看，这种意见几乎无须冗议。因为美国早年乡村社区自治对公民政治的培育，中国农村基层民主制度与实践比城市起步早、幅度大、效果显、创造力更强等，都用大国实践表明两个问题。其一，在趋向或接受现代政治的农村社区，所谓小生产者偏好、私利计算、家庭观念重等，都不见得是公民社会、地方自治与民主政治的天然敌人，都不见得会妨碍农民把自己训练成为参与民主政治的合格公民。其二，村庄共同体能否成为一个好的公民社会的组成部分，不仅取决于村落共同体内部能否维系良好的公民团结，而且取决于村落共同体能否处理好与其他共同体的关系，由共同体内部的公民乡谊发展出共同体之间的友善，共同维护核心共享价值与制度，并避免形成社会组织间的宗派争斗。换句话说，只要迈出两大步，村落共同体必能成为公民社会的积极构成：基于村落共同体的资源，恰当地训练农村居民的公共关心和处置公共事务的能力，是为第一步；解决村落共同体与其他共同体及社会的政治链合，是为第二步。问题在于争取这种关系与前景，首先需要以各种共同体的社会、政治平等和经济互补为条件。如果村落共同体还被置于城乡二元化的社会结构、政治体制、国家福利框架之中，城乡两种社区还处在极度的社会不平等之中，村落共同体作为公民社会的积极构成只是奢谈。而改变这种状态则有待于国家干预。

在上述这些基本问题上，如果国家不能确定怎么使用“看得见的手”作出明晰选择，农村、农村社区、城乡社区衔接就会充满不确定性。

四　发展主义选择的巨大惯性

中国农村社区建设和迈向城乡社区衔接，还有一些特殊的不确定性来自中国以往的发展选择与发展逻辑的惯性。

在过去大半个世纪，转型中国一直用两个矛盾的实用尺度看待农村。一方面，用追求国家生存力、竞争力的实用尺度去直观，大量存在的“三农”被视为国家落后的表现，在前文所述的工业化时代商品定价体系中，农业份额大表示经济结构、产业结构落后和国民经济弱小，农民数量庞大似乎意味着人口素质低，乡村区域广袤则表明社会不发达。所以，用现代化重塑国家的首要内容就是尽快实现工业化、城市化，尽快尽可能实现“三农”非农化。另一方面，用在落后国家的脆弱基础上迅速建构国力的实用尺度看，中国要发展国防、工业、城市，能够掌控的现成办法却是持续地汲取甚至剥夺农村资源，为此甚至一度需保持“三农”规模，把农民固定在村庄中，刹住非农化的速度与程度。后一尺度在60多年间的使用过程中可以粗略分成三段。第一段从20世纪50年代至1978年，国家采取计划经济体制、城乡二元体制以及价格剪刀差，严控农村人口流动，保持村庄规模，汲取农业资源以支撑保障工业和城市的优先发展，1978年以前仅从价格剪刀差中就多拿了农民1000亿元以上人民币。前30年建立起来的国家工业体系、城市规模以及整个独立国家的地位，是以拿农民的“粮”为基础的。如果当年这笔钱留在农村，或者现在按照可比价格还给农民和农村，中国农村会是何等面貌可想而知。第二段是改革前期、中期，通过发展外向型经济和劳动密集型产业，形成中国经济奇迹，但是经济的持续增长、包括赢得巨额外汇净收入，首先是依靠了近3亿农民工提供的超廉价劳动力，说拿了农民的“人”并不为过。第三段大体是最近十几年特别是从2004年、2005年以来，土地财政在全国成为突出现象，地方政府垄断土地一级市场，低价征地高价出让而获得高额收入，政府投资拉动经济的能力大幅度增长，而被卷入征地拆迁的农民虽然也有获益，但是收益程度与政府的土地出让价格之间存在巨大不相称，所以实际上拿了农民的地。[①] 拿“三农”的粮、人、地，可以合称“三拿”，表明“三农”一直是当代中国发展的隐蔽踏板：经济困难时期，由抑制农村换来了惊人的国家生存力；经济起飞时期，由低度发展农村换来了惊人的国家竞争力。奇怪的是，后一尺度作为实用理性在实践中贯穿；前一尺度则作为理论逻辑在观念形态上占主流，以至于很多人今天习惯于重复强调“三农”问题是中国最大的问题，并且主要指认它是中国经济和社会的拖累部分，却经常忘了估价“三农”对国家、工业、城市的无可替代的牺牲，经常忘了没有“三农”就没有当今中国，经常忘了“三农”还没有得到公平足量的回报。

社会意义上的惯性不是力学上的惯性，从来不是简单的定向惯性滑行，而经常是自觉维持或延伸利益格局的选择。理论上看轻看淡农村，实践上依靠依赖农村，这个古怪而又实用的选择在改革前30年作为发展主义选择被使用，在很大程度上尚属不得已而为之。而在改革以来、特别是最近十几年依然被沿袭，这要首先归因于地方政府日益增长的逐利倾向。就本书所讨论的村庄、农村社区而言，最近10年这两个矛盾尺度的配合方式在很多地方朝着一个更加实用的方向加速变化，即愈是依靠农村愈要削弱农村。主要表现是地方政府普遍从土地财政的好处上找到了加快城市化、非农化的不上台面的理由，并致力于用村庄“撤并归”加速本地城市化，主动利用各种机会减少村庄。其中，虽然有适应近3亿农民工进城而产生的村庄空心化的考虑，但是计算撤并归村庄过程中政府征地收益显然也是基本动因。按国家统计局公布资料，1978—2007年，全国城镇化率从17.9%上升

① 党国英根据国家公布的统计数据折算，1952—2002年，农民向社会无偿贡献的土地收益为51535亿元，无偿放弃的土地财产权约26000亿元。（党国英：《土地制度对农民的剥夺》，《中国改革》2005年第7期）另有清华大学管清友根据《中国国土资源统计年鉴》等估算：1989年全国土地成交价款为4.47亿元，2010年达30108亿元，21年间增长6732倍；同时，地方财政收入从1842.38亿元，上升到40613.04亿元，增长21倍多，其中卖地收入占地方财政收入的比例1989年为0.24%，2010年则达到74.14%，增长308倍。

到44.9%，年均上升0.9个百分点，城镇总人口年均增加1453万人，乡村总人口年均减少216万人。在此过程中，村庄相应进行撤并归，全国行政村从90多万个减至60多万个，减幅达1/3，远远超过了农村人口转移的幅度。人们似乎有理由展望，依此速率与比例，未来20多年间当城市化率达到70%时，现在60多万个村庄还将减少2/3左右，并且功能进一步弱化，接近无足轻重的社会构成；同时，在保证全国18亿亩耕地的前提下，目前组织在村庄层面、保留在农户手中的2亿多亩宅基地势必成为新增建设用地和延续土地财政的基本来源，村庄的大幅度减少当然势不可免。这种势头对中国迈向城乡社区衔接是严重威胁。

幸好，关于村庄重要性和农村社区前景的第三种尺度也在渐渐抬头。人们开始注意有数亿人口将长期生活在农村，因而开始较强烈意识到这意味着需要持续发展农村，并由村庄来组织农村人口的政治、经济、社会和文化生活；重视村庄的存在发展，充分发挥村庄功能，需要成为基本国策。其次，除了向海外寻求投资收益，土地收益仍将是政府未来经济收入源泉之一。要把农民手中的2亿多亩宅基地基本转变为新增建设用地，虽然意味着将持续转移农村人口以及减少村庄，可是由此展开的政治、经济和社会利益格局调整过程，可能处处都是陷阱，政府、城市、企业都不可能独力、简单地消化农地转移过程中产生的问题，[①] 可能反而需要村庄继续发挥各式各样的“接盘”作用。最后，国际一般经验和理论研究也表明，村庄的长期存在有一般性的支持条件，即只要一个国家需要粮食生产与安全，存在着地理条件的规定，存在着文化多样性的现实和保持需要，以及存在着政治治理方面的特定限制或规定，村庄就需要持续存在。[②] 如果人为、鲁莽地急剧减少甚至消灭村庄，一定会在保证粮食安全、适应地理环

---

① 参见拙作《J市农民为什么不愿做市民——城郊农民的安全经济学》，《社会学研究》2006年第6期；《赋权、互动与认同——角色视角下的城郊农民市民化问题》，《社会学研究》2009年第4期。

② Stephen Essex et al.（eds.）2005，*Rural Change and Sustainability*. CABI Pulishing.

境、保持文化有效性和多元性、稳定治理框架诸方面遭遇难以逾越的窘境。

实践上的同步改变也在发生中。近年来，虽然中央政府从未明确把发展农村社区和城乡社区衔接，作为村庄转型的方向和解决城乡二元化的路径，但是中央政府尤其是涉农部门实际上在自觉不自觉地往这个方向趋行。继 2001 年开始中央实施农村“六小工程”后，农办系统主持开展了新农村建设，2006 年以来民政系统也在各省市推动农村社区化。前者以“生产发展，生活富裕，乡风文明，村容整洁，管理民主”为号召，尤其着力于农村道路、通信、卫生条件、住房等硬件改善，并逐渐聚集为各类“美丽乡村”建设。后者着力于标准化的农村一站式社区服务中心设置，带动村改社和社区服务建设，把城乡社区建设作为一个整体安排，在农村的重点则是把城市社区的管理和服务植入村庄。民政部还选择了全国 100 多个县（市、区）单位作为农村社区建设全覆盖示范单位试点，2009 年以来已有多个单位通过评估验收。东部一些地区推进速度较快。仅在浙江省，现有近 3 万个行政村中，建立了服务范围全覆盖式的农村社区和一站式服务中心，1000 人以下的村庄则采取 2 村、3 村共建一个社区和共享一个服务中心，共建成 1.6 万个以上农村社区。各地农村社区的建设与运转的资金，一般由政府提供 1/3；社区服务中心配属的社区医疗站，则由卫生部门提供资金。2013 年以后，开展和加强农村社区建设更是反复作为中共中央文件表述的重要政策。

从积极的方面说，以上转变意味着中央政府与一些地方政府，尤其是涉农部门在村庄问题上趋向于不顺从资本，不否定农村社区价值，肯定村民自治政治的积极性，肯定农村社区水平的可提升性。同时，这还意味着在干预村庄前景的类型或方式上，正在趋向于用村庄社区化和城乡社区衔接解决城乡二元，助推村庄转型。国家从改革前长期实行抑制农村、行政包办社会，改革以来一度转而相信市场包治社会问题，甚至参与分肥农村利益，到世纪之交以来加大扶助农村力度并日益转向扶持规制农村发展，是值得称赞的进步。如果继续一方面保护农村社区、社会组织和自治领域，确立其地位、权力、法律，并给予财力、人力和智力方面的支援，另一方面在法律框架内支持农村社区开展规划、环境与公共设施、服务与救助、教育、睦邻与文化等各方面建设，有希望加快促成城乡社区衔接，实现村庄新生。

但是，从不确定的方面看，仍然有可能发生两类扭曲。一类是政府俘获村庄，重度扭曲农村社区。例如，为避免在人口较少的村庄设置标准化社区服务中心而造成资源浪费，需要几村共建共享一社区。但是，为此需要进行的农村社区布局规划，在实践上却有可能被地方政府搭便车，引向新一轮的撤归并村庄。在这个过程中，一些地方政府真正盘算的重点是如何在农民拿地换城镇户口、换低水平社会保障的城镇化、城市化形式下，腾出用地指标，赚取土地差价，实际上只能形成一套与农分利争利的恶性的农村社区化模式，结果一定不是导出城乡社区衔接，而是恶性消灭农村社区。另一类轻度扭曲，是一些涉农部门仍然主要基于发展阶段和条件论的判断，对待农村社区建设；手上有余钱可以支持农村社区建设，让它给区域繁荣锦上添花，条件不够则先发展城市等将来再补偿农村。这种选择根本上还是发展主义的变种，它并不确认城乡社区衔接是中国农村发展和中国发展的合理之路、基本构成内容。与前一种扭曲相比，后一种扭曲称不上恶性，但是说到底并不利于自觉发展良性的城乡社区衔接。

中国农村社区的成长、转型和城乡社区衔接，现在真是站在了十字路口上。

五　国家与社会关系框架的影响

中国农村社区建设和迈向城乡社区衔接具有不确定性，部分还因为国家指导和干预农村社区建设尚在摸索阶段，在一些基本的技术和制度框架选择上尚显犹豫，或者说到底还因为国家与社会关系框架目前还不够确定。

目前，社区、农村社区以及社区制度、农村社区制度等，仍然是多少有些令人困惑的词、概念和现象。说没有社区吧，我们从来不缺乏乡里乡亲、街坊邻居之类的日常聚居现象和某些聚居共同体特征。说有社区吧，又经常会受到社会学家的疑问：我们这些社区能称为社区吗？产生疑惑的部分原因，是“社区”译自共同体的概念，在后来的汉语使用中一般特指共居之地之人，即指地域性共同体或聚居共同体。而共同体却本来可以有更宽泛意义，即指陈人们共有、共享、共属、共皈的实体（哪怕只因为分享同一种文化），所以共同体似乎又不限于社区，小至家庭，大至共属之族群、共同之国家，都会被称为共同体。不少社会学家坚持古典社会学关于社区与社会的区分定义，更多地用社区指陈由同质人口组成的人群，区别于现代社会由分工不同形成的相互依存、不熟悉人组成的人群，共同体中的人的共同利益感、文化共同感、熟悉度都比较强，关系调节也主要不使用现代社会的正式制度、法律调节，它可以是地域性的（如社区）、行业性（如行会）的或志趣性（如学术共同体）的。可以说，社区与共同体在英语中是同一个词，共同体又可以多义多用，这多少是在谈论上增添了麻烦。

更关键的是，就聚居共同体而言也存在着三种不同含义的社区，即仍然作为现代社会基本样态之一的日常聚居共同体，作为政府划定的社会单位，以及一些社会学家坚持用以区分社会的概念性“共同体”。三种含义的社区在实践上显然是有竞争的，究竟哪一种社区是好的或是应该争取的，很难不成为问题。而全球范围内的社区实践结果则产生了两个突出现象。其一是社区在性质上仍然可以被划分为自治、政府主导、以及半官半民三种大致类型。其二是遽断三种性质社区的好坏优劣变得比以往更加困难，因为在社区治理上某种被归为混合治理的趋势似乎在逐渐增加。政府直接经营或高度管制的社区固然一向受到较多诟病，逐渐被动主动地增加社区自治的成分，以便增强社区应有的活力。而在英美和欧洲的以社区自治为基本框架之地，政府出于通过社区解决社会问题的兴趣或发现，对社区的关注、介入和干预亦在持续增长之中，最近的 100 多年间，几乎都经历了从 19 世纪后半期到 20 世纪初，以自发社区组织来解决工业化带来的某些社会问题为导向的社区建设阶段（社会外在式的精英美德治理）；从 20 世纪 10 年代后尤其是 30 年代罗斯福新政到第二次世界大战后，政府在基础设施与财政方面的适度介入阶段（以效率为导向的职业化治理）；以及从20世纪50年代至70年代及其后，政府全面迫近社区，侧重以法律规制的方式主导社区发展阶段（具有行政主导色彩的治理）。结果，这类社区也被一些研究者描绘为“政府迫近社区”的产物，以至成为兼有政府划定社会单位以及自治性的居民日常群体生活单位两种性质。

这种情况意味着由于国家与社会相互交叉渗透的趋势极为突出，不管人们情愿不情愿，现代社区及其制度基本上要发生在国家与社会交集关系的背景下，或者本身就成为一个国家与社会的关系交集面或交集点；同时还意味着如何对待社区一定代表着如何安排国家与社会的关系，如何安排国家与社会的关系框架也一定影响到社区制度框架、性质与功能，而在国家与社会关系类型选择上陷于困难则必定会产生社区发展方面的问题。

中国过去长期以行政统摄社会，主要把城乡社区作为与基层政府相对应，并受基层党政直接间接领导和管理的基层社会看待；区别是城市采用居民区制度，农村先采用人民公社制度，后采用村庄（行政村）制度。改革开放以来，国家重新构思国家与社会的关系，城市近十几年来相应经历以社区制度取代老式居民区制度的过程，现在要完成由居民区向社区的转型还需要过一些“坎儿”，除了可能需要由政府主导路径更多转向倚重社会机制的路径外，还包括需要理顺社区内并存的多重治理逻辑和工作意图；需要以居民满意度为核心，全力发展社区服务；以及需要提升社区治理与服务的法治化水平。这些问题不解决，会增加农村社区建设，特别是城乡社区衔接上的困难。农村社区建设在实践上则起源于国家特别是民政部门将城市居民享有的社区服务向农村延伸的朴素意图，其中把政府公共服务下沉到农村社区层面的意图最快得到了实现，甚至连带产生了党政影响力在农村地区扩大的结果。但是，相比城市社区建设，现有的农村社区建设是在更少考虑国家与农村社会关系框架调整或改革的背景下展开的，甚至最初主要是把社区管理和服务填充到国家与农村基层社会的原来框架中，因此很难避免在农村形成原有行政村制度与新的农村社区制度并列并存，以至于形成两张皮的问题。目前，农村社区建设中普遍遇到在社区设置规模与模式上的疑问（一村一社区，还是多村一社区等），在组织体制上的疑问（社区与村两委、村集体经济组织关系、与基层政府关系），关于农村社区究竟发挥哪些功能上的疑问，以及在运行机制、经费投入机制上的疑问等，说到底都是关系框架选择未定造成的。即究竟在形态上是选择村庄制度，或者选择保持村庄与社区并列制度，还是选择与城市一致的、单一的社区制度；在内涵和性质上是选择政府更直接管理农村社区，还是选择增加农村居民自治的成分，甚至建设常规意义上的自治社区，似乎都未真正作出决断。如果长期不能更加明晰厘定国家与社会、与农村社会关系的改革框架，农村社区建设很难彻底脱离摇摆，更谈不上迅速走向城乡社区衔接。而这也正是目前农村社区建设和城乡社区衔接的不确定性之一。

本书总的结论不言而喻：中国要迈向城乡社区衔接，需要尽快消除前述这些不确定性。

本书各章主要包含四部分内容：理论讨论拟更详细阐释和论证导论提出的意见；国际经验与认识主要回顾和对比发达国家在农村社区和城乡关系问题上的实践、政策以及研究范式的变化；改革前后的农村与村庄变迁拟勾勒中国农村社区建设的起点和条件；最后安排了对最近中国农村社区建设进展与特征的讨论。

第二章　村落共同体的当代命运：四个观察维度

本章提要： 去社会学化、去社会理论化的村庄研究忽略了以下四个问题：（1）在批判社会学的视野里，村庄面临市场力量的持续冲击，后者要求土地和劳动力全部从共同体中分离，纳入作为价格形成体系的市场。故村庄转型的核心问题就是听任市场力量，还是保留村落共同体。（2）在专业社会学的视野里，如果承认现代社会还需要小型、地方性共同体的存在，以满足非市场经济性质的互助与交换，并发挥情感和社会认知方面的功能，就意味着要承认村落共同体的农业经济支撑条件在现代可能松动剥离，但它作为社区共同体仍然是正常的现代社会的基本资源；它能否在空前复杂的推压力量下采取恰当的“过海策略”，实现与社会的联结，首先取决于国家和社会把何种社会视为正常。（3）在公共社会学的视野里，地方性共同体是否被视为公民社会的敌人，首先取决于公民社会被视为应基于方法论个人主义之上还是方法论社群主义之上。从后一立场看，恰当的村落共同体不是公民社会的敌人。（4）在政策社会学的视野里，国家应该在允许农村劳动力向城市转移的同时，积极发展乡村社区，并且在解决城乡社区的经济社会不平等问题的基础上发展城乡社区衔接，避免加快城市化与建设新农村两大国家战略之间出现断裂。

中国目前还有60多万个行政村，堪称“村庄大国”。关注、研究中国村庄的生存、转型和前景，是社会学的当然责任。然而，社会学学者研究村庄并非天然就是村庄的社会学研究。20世纪90年代以后，村庄研究著述层出不穷，但是在这些研究——包括大量被冠以社会学名目的研究中，去社会学化、去社会理论化倾向很普遍；至少，村庄研究与社会学的关联性相当模糊，社会学也未能在村庄研究中获得多少知识更新、理论前进的有效动力。

要改变这种状况，在微观技术上也许可以强调在单个村庄研究中运用布络维的“拓展个案法”：将观察拓展为参与，拓展时间和空间上的观察从而发现社会情景与社会过程中的利益的联系，进而拓展到发现社会机构的权力作用，以及拓展理论。由此，一方面“将反思性科学带到民族志中，目的是从‘特殊’中抽取出‘一般’、从‘微观’移动到‘宏观’，并将‘现在’和‘过去’建立连接以预测‘未来’——所有这一切都依赖于事先存在的理”；另一方面也将“重点突出反思性研究的社会性嵌入”①。我相信，如果认真运用“拓展个案法”，每一个村庄研究都会成为社会学发挥作用并实现社会学自我更新的机会。在宏观上，也可以从布络维的社会学工作分类中找到纠正村庄研究去社会学化、去社会理论化的角度。布络维从2004年开始一直倡言发展公共社会学。他提出社会学已经形成了专业的、政策的、公共的、批判的四类分工。专业社会学提供真实、可检验的方法，积累起来的知识、定向问题以及概念框架，为政策社会学和公共社会学提供合法性和专业基础。政策社会学服务于合同规定的某个目标，为客户提出的问题提供答案。公共社会学要在社会学家与公众之间建立公开的对话关系，其著述有非学术阅读者，从而成为公共讨论社会状况的载体；社会学家通过公共社会学紧密联系公共事务进行工作，目标是维护和促进公民社会的存在和成长，并达到对公民社会的认识。批判社会学则审查专业社会学的基础，扮演专业社会学的良知，比如公共社会学承当政策社会学的良知。② 布络维对社会学关注公共事务和公民社会的倡言虽然得到广泛理解，但是他的社会学分类、公共社会学定位和谋求四类社会学之间的和解，在逻辑、修辞、

① ［美］麦克·布络维：《公共社会学》，沈原等译，社会科学文献出版社2007年版，第77—135页。

② 同上书，第15—20页。

可能性和影响诸方面都受到部分美国社会学家的尖锐批评。① 然而，布络维反驳说，这些批评完全出自专业社会学中的强纲领（the Strong Program in Professional Sociology），而专业社会学强纲领所要求的纯粹科学充满了矛盾，并且是美国社会学早期发展的产物。他还以下表概述了其意见。

三波市场化与社会学

	市场化第一波（1850—1920）	市场化第二波（1920—1979）	市场化第三波（1970以来）
抵抗市场的权利	劳工权利	社会权利	人权
社会对市场抵抗	地方共同体	国家调节	全球公民社会
对社会的贡献	乌托邦社会学	政策社会学	公共社会学
一致原则	洞察	以知识为目标	立场
科学	思辨科学陈述规则	纯粹科学	价值科学

资料来源：Burawoy, Michael, 2007, "Third-Wave Sociology and the End of Pure Science." In Nichols Lawrence T. (ed.), *Public Sociology: The Contemporary Debate*. Thansaction Publishers.

本章不仅以搁置这些争议的方式表示赞成布络维的观点，而且认为从布络维提示的角度，可以发现村庄研究与社会学的紧密关联性，发现一些解决村庄研究去社会学化、去社会理论化问题的可能性。

第一节　为什么要关心村庄转型与村落共同体的命运：批判社会学的意识

从批判社会学的立场说，村庄研究不仅应该纳入主流社会学的视野，而且社会学的村庄研究应该具有一个起码的意识：在农业人口居多的社会，农民与村庄不仅注定是这个社会现代化、"常规化"的最拖后、最复杂、最深奥的部分，而且注定牵扯到这个社会究竟采取何

① Brint, 2007, "Guide for the perplexed: On Michael Burawoy's 'PublicSociology'". In Nichols, Lawrence T. (ed.), *Public Sociology*; Burawoy, Michael, 2007, Third-Wave Sociology and the End of Pure Science. In Nichols Lawrence T. (ed.), Public Sociology. Transaction Publishers.

种基本社会原则。这是因为，一方面，村庄在现代市场经济、现代国家进程的严重冲击下仍然很顽强。[①] 村庄数量庞大而不易被整齐纳入市场统治，它组织下的居民很难被平和而迅速地转移，都是显在原因，但尚属次要；更主要的是村庄的存在一直基于地理、生产、文化和治理四个方面的条件，只要存在着粮食和农产品生产需要，存在着地理、文化、治理体系方面的支持，农业和农民、村庄似乎就会继续存在。[②] 另一方面，虽然很多人肯定乡村地区在保证国家食物安全、保护自然资源、提供土地与人类息息相关这样的价值体系，以及保护生物多样性等方面，有突出的贡献，[③] 但是村庄的大量存在总被认为与现代社会不相称，而市场力量对于村庄的敌意也几乎不会改变，冲击几乎不可能停止。这种状况及其性质在韦伯和波兰尼那里有很充分的解释。依韦伯的分析，现代资本主义有两方面的运作特征。其一是围绕盈利取向的工业企业及其制度性要素，其中最重要的就是合理的会计核算及与此关联的六项制度要素，即独立经营的私人企业可以任意处理土地、设备、机器等一切生产手段；市场自由；基于合理的会计技术之上的各种技术理性运用；可预测的法律法则；自由劳动力；经济生活的商业化，即普遍使用商业手段（金融工具）来表明企业所有权和财产所有权的份额。其二是企业家的资本主义精神，即视追求财富本身为人生的最大价值。[④] 我们知道，现代市场经济不等于资本主义，但资本主义是最典型、最完整的现代市场经济。所以，资本主义进程至少表明，现代市场经济所期待的制度设置、精神要素，在

① 据估计，在全球化、城市化的巨力推动下，未来 25 年中，发展中国家增长的 90% 人口将住在城市地区。但是到 2025 年，非洲和亚洲仍会有 50% 以下的人口、美洲和欧洲 20% 以下的人口生活在农村地区［D. Virchow & J. von Braun（eds.）2001，*Villages in the Future：Crops，Jobs and Livelihood*. New York：Springer，p. 1］。

② Stephen Essex et al.（eds.），2005，*Rural Change and Sustainability*. Wallingford，UK：CABI Publishing.

③ Cornelia Butler Flora & Jan L. Flora，2008，*Rural Communities：Legacy and Change*（*third edition*）. Philadelphia：Westview press. p. 23.

④ ［德］马克斯·韦伯：《经济通史》，姚曾廙译，上海三联书店 2006 年版。

各种细节上[①]都与村庄的运行传统、结构、制度处在不同轨道上，如果两轨相并或交叉，不可能不对村庄的经济和社会产生否决性的冲击。而波兰尼则证明：资本主义市场力量不仅要求把货币、土地、劳动力都变成可以自由交易的商品，而且要求经济从社会中脱嵌，要求一切社会制度都转向适应营利目标、效用原则，以便把社会变成市场社会。[②] 按此要求，土地必须从农民手中剥离；农民必须作为自由劳动力个体从农户和村落共同体中分离，至多允许农户与村落共同体分解成经济合作体，并作为市场里弱势的一员。因此，如果社会保护、国家保护方面没有比资本更强大的力量和干预，市场力量断然不会放弃对农村社会特别是村落共同体的瓦解，虽然瓦解途径多样，有些在表面上似乎和缓，或者显得与市场力量没有直接关系。[③]

现代市场力量渴求简明的关系：一方是追求营利的资本，其他都是受资本支配的商品，以便摆脱一切社会公正的牵制而实现市场公正。其中，作为生产主体的劳动者应与生产资料一样成为纯粹的商品（劳动者所需的生活物品也必须作为商品生产出来），资本与生产活动的主体之间才能建立起由资本全面支配劳动的、市场经济性质的关系。因此，对市场力量而言，瓦解村落共同体和农户家庭共同体是必需的，甚至是决定性的条件；因为无法设想共同体可以像自由劳动力个体一样便于在市场交易——例如廉价购买一个农民工的劳力时顺便

---

① ［德］马克斯·韦伯：《经济行动与社会团体》，康乐、简惠美译，广西师范大学出版社 2004 年版。

② ［英］卡尔·波兰尼：《大转型——我们时代的政治与经济起源》，冯钢等译，浙江人民出版社 2007 年版。

③ 例如，交通事业发达，加速了社会人口流动；大众传播发达，影响了社区意识形态；工厂制度发达，改变了社区生活方式；科层制度发达，改变了地方社区关系。这些都严重影响社区结构，导致社区的疏离和衰落，包括农村社区［徐震：《社区与社区发展》，台北正中书局 1980 年版，第1—6 页；Cornelia Butler Flora & Jan L. Flora 2008，*Rural Communities：Legacy and Change*（third edition）. Philadelphia：Westview Press，pp. 13—14，29—30］。类似的重大影响因素显然还包括全球化、网络化等，对于社区产生三种特别明显的影响，即分解地方、加速流动、导致认同不稳定（Graham Day，2006，*Community and Everyday life*. London and New York：Routledge，p. 182）。

拖家带口购买或照顾好他的全家，也无法设想这些自由劳动力个体进入市场、工厂后，继续奉行村落共同体成员的原则和规范，使共同体规则影响或取代效用最大化原则。为此，市场力量不仅需要切断劳动者与原共同体的联系，“以便能够作为工厂日后的员工而被重新调派”[①]，而且需要釜底抽薪，彻底摧毁共同体及其规则。鲍曼曾不失历史感地勾勒资本主义市场力量反对与瓦解共同体的策略、进程和后果：资本主义制度是反对传统农业的，而资本主义的策略则是反共同体的。在资本主义瓦解传统的过程中，“自我维系和自我再生产的共同体，位居需要加以熔化（瓦解）的固体物（传统）名单的榜首”。所以，从工业化开始，市场力量一直全力以赴把劳动者从共同体中分离出来并且“分解共同体的模式设定和角色设定的力量”，在经济领域与社会生活中剔除共同体，以便使脱离了共同体的个人凝结成为“劳动的大众”[②]。

韦伯、波兰尼和鲍曼共同提示了一条线索：市场力量在农村的冲击焦点是村落共同体和次一级共同体农户家庭，目的是把农村劳动力和土地全部纳入作为价格形成系统的市场，[③] 接受资本的统治。而且

---

① ［英］齐格蒙特·鲍曼：《共同体》，欧阳景根译，江苏人民出版社 2007 年版，第 31 页。

② 鲍曼认为这产生了两个显著社会结果。一是形成了个人化的社会以及虚假的全球化社会，从此，“管理就不是一件（可）选择的事情，而是一件必需品”，因为“现代资本主义模式”需要的是服务于获利动机的秩序和为秩序服务的东西，诸如建立全景式监狱以便规范、监视、控制、管理人们行为，用人为设计出来的规则、惯例取代共同体的维系，以满足资本主义现代性。二是共同体破碎化后，除市场权贵声称不需要共同体之外，人们为了恢复共同体体验和获得确定性，重新轻率地期待共同体。但是，“在新的权力结构框架内，恢复或从零开始创造一种‘共同体的感觉’”，显然是“一种延误了的努力”。所以，鲍曼写道：再度联结共同体的承诺，“可能预示着伤害要比收获更多”，它不仅是用吸墨纸做成的纸筏，而且可能在获救的机会已经失去时才会被发现（［英］齐格蒙特·鲍曼：《共同体》，欧阳景根译，江苏人民出版社 2007 年版，第 27—41、47—54 页）。

③ 波兰尼曾辨析过，市场有两个概念，一个指根据惯例或法律交换物品的场所，另一个指作为价格形成系统的市场。共同体内部不属于后一种情况。施坚雅关于中国农村市场体系的空间分布研究显然混淆了这两种市场及其社会后果的根本区别（［美］施坚雅：《中国农村的市场和社会结构》，史建云、徐秀丽译，中国社会科学出版社 1998 年版）。

市场力量对共同体的敌意和瓦解，虽采取解放农村自由劳动力的激进姿态，但并不能遮掩它是要求经济从社会脱嵌并以市场自由规则支配社会的组成部分；使劳动力脱离家庭和乡村是为了让他们担当两个角色：为资本主义生产廉价商品、作为廉价劳动力本身[①]——正是这种要求使市场力量在本性上不会放弃对村庄社会的冲击。

应该说，面对市场力量的持续冲击，已经没有多少人会认为村庄可以不变化、不适应、不转型。地方性自治实体和共同体意义上的村庄显然很难抵抗不同寻常的市场力量。[②] 为此，这十多年间很多农民研究者实际上已转向两个问题：在资本主义向第三世界农村地区扩张的情况下，农民可以在什么范围和什么程度上幸存。[③] 但是，由于市场力量对农村、农民的冲击根本上就是对共同体的冲击，村庄转型的根本难题主要是村落共同体问题，因此关键性的争议也就在于：村庄转型究竟是采取农民变为自由劳动力个体的方式，还是保留共同体的方式？村庄作为农民、农业的传统的重要聚集单位，是否还有代价最小的融入现代社会的通道？在融入过程中，村庄单位中某些要素的保存是否具有社会意义？其中特别尖锐的问题就是，村庄居民都转变为以个体为单位的自由劳动力，是市场力量的要求，但农民通常要为此付出惨痛代价，并通常会成为市场中的弱者。社会、国家究竟该如何对待这些村庄及其居民？这显然不仅是一个经济学上的效用计算问题，更是一个与社会态度与社会立场相关的问题，其本质是如何对待市场与社会的关系，即是否支持经济从社会中脱嵌。

在我看来，目前多数主流经济学家关于农村劳动力大幅度转移与城市化的常规性理论与计划，基本上是基于发达国家资本主义进程的一般抽象和展望——在这种展望中农民和村庄只有数字意义，完全忽

---

① Tom Brass, 2005, “The Journal of Peasant Studies: the Third Deade” *the Journal of Peasant Studies*. 32 (1) London: F.

② Graham Day, 2006, *Community and Everyday life*. London and New York: Routledge, pp. 152 - 153.

③ Tom Brass, 2005, “The Journal of Peasant Studies: the Third Deade” *the Journal of Peasant Studies*. 32 (1) London: F.

略了农民变成单个劳动力、村庄瓦解过程中农民和村庄可能付出的代价，以及由此引起的社会问题，村落共同体的命运几乎被置若罔闻。倒过来说，20世纪70年代以来越来越多的发挥小农户作用、以农业促发展、主张扶持农户以合作社进市场的理论与计划①，虽然其同情农民、重视农业、要求经济与社会协调的立场值得尊敬，并富有经济学的想象力，但是多少有点低估市场化力量及其对村庄的“敌意”。事实上，20世纪后半期在全球各地出现的重建乡村地区、保护农民权利和乡村活力的“新乡村社会运动”，虽然赢得了重大进展，但也迫使研究者们重新审视以下一系列复杂论题：“乡土性”在规制社会运动的性质、对象和修辞方面承担了什么角色？在社会和经济变迁的背景下，社会运动在重构乡村地位方面的角色是什么？在当代乡村政治参与方面，乡村社会运动的组织形式告诉了我们什么？乡村社会运动之间、乡村社会运动与其他组织之间的联盟是怎样的？是什么因素赋予了乡村社会运动构成及其动员以地理特征？② 这些问题都应该受到社会学，特别是农村社会学和政治社会学的关注。

在中国，60多万个行政村及其涉及的村落共同体向何处去，显然是个牵扯全局的问题，不仅关乎农民，也关乎整个中国市场经济、整个中国社会的将来。什么是村落共同体？它是否值得在社区脱域化和居民个体化趋势下生存、适应与转型，有没有未来？这都是需要倍加关心的大问题，不仅作为社会学分支的农村社会学要加入研究，而且完全应该进入主流社会学的研究视野，以便一方面克服单纯依靠常识观察重大社会问题的缺陷，另一方面省察社会学的知识更新和社会责任。在此意义上，每一个村庄及其转型方式，表面上微不足道，本质上兹事体大。坦率说，没有这一个层面的关心，关于村庄的个案研究多半看似富有现实感，实际上没有现实感，能够生产的只是鸡零狗

---

① 世界银行：《2008年世界发展报告：以农业促发展》，胡光宇、赵冰译，清华大学出版社2008年版。

② Woods，2008，“Guest Editorial：Social Movements and Rural Politics”. *Journal of Rural Studies* 24.

碎的地方故事，而一些看似更加鸡零狗碎实际上极为重要的东西，又将被过滤殆尽。

第二节　村落共同体作为小型地方性共同体的现代命运：专业社会学的维度

如果专业社会学接受上述判断并且关注村庄转型及村落共同体的命运，那就需要重新关心现代社会是否还有小型、地域性或地方性共同体的存在余地和需要，关心这种共同体与社会的关系。由于共同体或社区（Community）的讨论从来都涉及人们究竟是如何聚集成社会这个社会学的一贯主题，因此，这种关心不仅间接地反对社会消失论，[①] 而且意味着要再次反省关于共同体和乡村社区已经消失在大众

① 山口重克曾批评说："现在，源于主流经济学派的市场原理主义的怪物正在世界上空徘徊，美国式的市场经济全球化也正在向全世界蔓延。"（［日］山口重克：《市场经济：历史・思想・现在》，张季风等译，社会科学文献出版社 2007 年版，中文版序）这正是社会消失论的两个支持背景。前者是指，市场力量固然力求经济与社会关系、社会规则脱嵌，要求用市场规则支配社会关系或只保护社会纽带中的货币关系纽带，但实际上从来不曾存在完全不受国家规制的市场经济，社会也并未真正允许过这样的脱嵌。（［英］卡尔・波兰尼：《大转型——我们时代的政治与经济起源》，冯钢等译，浙江人民出版社 2007 年版；［日］山口重克：《市场经济：历史・思想・现在》，张季风等译，社会科学文献出版社 2007 年版）然而，新古典经济学坚持经济从社会中抽离，坚称市场能理顺一切关系，还是相当程度地模糊了经济仍嵌入社会的事实，社会似乎已是一个无意义的概称。至于村庄与其他小型社会共同体更是旧社会的古怪残余，将很快被市场扫净。后者是指全球化进程助长了一个古怪的后社会理论判断。即文化分裂与跨文化交流稀少，在历史上、在古典社会学和一些人类学家那里的确曾被视为一个共同体形成和存在的必要条件。一种有影响的后社会理论认为，在全球化进程中地方性的社会已经无可奈何、无足轻重，霍布斯以来社会科学所讨论的国家管理下的"社会"已消失在全球化、信息化、互联网之中。显然，如果社会真已消失，包括村落共同体在内的所有社会共同体自然是无须关心的多余问题。不过，绝大多数社会学研究者都会认为社会实在论根本毋庸争议，社会消失论只是华丽而虚妄的论断。（［英］菲利普・梅勒：《理解社会》，赵亮员等译，北京大学出版社 2009 年版，第 1 页）因此，这里不遑直接论辩，而是准备反一个方向去观察共同体存在的基础和意义，从而观察共同体问题是否还能够继续或重新成为社会学的严肃论题。如果农村社区这类小型、亲密、地方性共同体都继续存在，并具有意义，社会消失与否是不言而喻的，它甚至有助于解释社会究竟是如何结成的。

社会中的社会学判断。

应该承认，自滕尼斯 1881 年作出 Gemeinschaft① 和 Gesellschaft② 的类型学划分，以及涂尔干早期区分机械团结社会与有机团结社会以来③，共同体、社区与社会的关系以及社区或共同体的前景一直被置于相对黯淡的通道内。与韦伯把共同体（community）和联合体（association）视为连续、混合地存在于社会关系中的观察不同，④ 大多数人不仅把它们视为对立的、相互排斥的两方，⑤ 而且多少有点忧郁地预计社会兴盛、共同体衰竭是不可逆转的。⑥ 20 世纪 60 年代，沃伦甚至提出了一个具体模型解释社区与社会的关系及社区变迁：社区存在着纵与横两种关系；纵向或垂直轴面的关系指社区内各社会单位与超社区组织（诸如区域性、州级、全国性组织）之间的关系；横向或水平轴面的关系是指社区内个人与个人间以及团体间的关系。依此模型描述，现代社区变化的特征是社区的纵向关系强化而横向关系趋

① 通常译为共同体、集体、公社、社区等。

② 通常译为社会、社团、联合体等。

③ 涂尔干后来放弃了早期的意见。

④ ［德］马克斯·韦伯：《经济行动与社会团体》，康乐、简惠美译，广西师范大学出版社 2004 年版。

⑤ Graham Day，2006，*Community and Everyday life*. London and New York：Routledge，p. 5.

⑥ 滕尼斯强调两种类型本身只是抽象的理想类型、极端形式，用以观察实存的社会关系类型，后者实际上是动态的，在社会时期共同体作为衰退的力量甚至也会存留。但是，他的确强调过村庄共同体是 Gemeinschaft 的突出例子。所以，通常 Gemeinschaft 代表“旧”、自然的、同质化，而 Gesellschaft 意味着“新”、理性化、异质化、具有自我意识的个人。滕尼斯还提到 Gemeinschaft 在市镇、工作团体和宗教团体中可以达到新的水平，但城市则是它的终极敌人。（Graham Day，2006，*Community and Everyday life*. London and New York：Routledge，pp. 5—7）强调共同体的自然、有机性，并认为它代表着某种相对的稳定与同质化，的确很容易令人认为共同体属于旧的社会秩序。（T. Noble 2000，*Social Theory and Social Change*. Basingstoke：Macmillan.）而工业化、城市化进程和社会异质化程度提高，显然支持了人们更多地注意两者的对立，以及非共同体关系在现代社会中的持续扩张现象，从而把社会联合体大量兴起且与共同体并存的情况理解为前者逐渐取代后者，如雷德菲德强调俗民社区与都市社区之间存在着连续性变化（Robert Redfield，1971，*The Little Community，and peasant society and culture*. chicago：University of chicago Press，p. 4.），实际上就是指社区向社会的变迁是一个连续的过程。

弱，垂直整合（vertical integration）即社区中超地方的力量逐渐破坏社区的水平整合（horizon integration），小型乡村社区变得无力面对强大的城市化、工业化、中产阶级化和中心化的力量。这些宏观进程产生的社会组织变迁已经使乡村社区无法依旧自治，并把它们吸纳进了大众社会。① 基于大众社会已经湮没了社区的判断，60 年代的美国社会学实际上不再把乡村社区作为研究对象。② 70 年代末情况发生转变，虽然信息时代、网络社会、全球化在一些人看来更加意味着传统社会和共有认同的解体，表明社区研究越来越失去意义，但是另有许多研究者意识到共同体、社区，包括乡村社区消失论属于言过其实，垂直整合进程没有削弱，至少没有取消社区水平整合，当代社会学需要在自己的核心保持一种原则，即继续把共同体视为社会组织、社会存在和社会经验的一种形式。③ 人们甚至开始用共同体或社区的“丧失”“拯救”和“解放”标示社区观点随时代而更新的过程，即社区“丧失”论是基于工业化时期城市和城镇大量兴起的社会经验，社区“拯救”的主张基于社区与共同体关系继续存在于工业化的城市社会的现实，而社区“解放”观点则基于社区纽带的空间依赖将被流动性和通信便利所取代。④ 此后伴随着社会资本理论的流行，在社会学中出现了所谓共同体或社区概念复兴的现象。⑤ 人们甚至观察到在反

---

① Roland L. Warren, 1963, *The Community in American.* (1st edition) Chicago: Rand McNally & Company.

② A. Jr. Gallaher &H. Padfield (eds.) 1980, *The dying community.* New Mexico: University of New Mexico Press.

③ Gunnar Almgren, 2000, “Community”. In Borgatta, Edgar F. editor-in-chief, *Encyclopedia of sociology* (*Second Editon*). New York: Macmillan Reference. 沃伦本人在《美国社区》1972 年第二版中也承认社区死亡论是一种夸张，在 1978 年第三版中则提出宏观系统会对社区发生有力作用，但并不意味着完全决定和替代了地方，许多地方结构与行为首先是在地方水平上规定的，社区仍然可以相对自治（Gene F. Summers, 1986, “Rural Community Development”. *Annual Review of Sociology* 12）。

④ B. & B. Leighton Wellman, 1979, “Networks, Neighborhoods and Communities”. *Urban Affairs Quarterly* 14 (*March*).

⑤ Stephen Vaisey, 2007, “Structure, Culture, and Community: The Search for Belonging in 50 Urban Communes”. *American Sociological Review* 72 (6).

对经济、文化和政治剥夺的人们中间，存在着针对全球化和激进个人主义的抗拒性认同和接受共同体的认同，其中包括以地域认同反抗作为信息社会统治特征的流动空间的无场所逻辑，这才是信息时代的潜在主体。[①] 在我看来，这个转向有益于认识有关共同体、社区的现代意义，并使农村社区发展、城市社区建设的实务不至于沦为没有前景的工作，但是，如果我们意识到市场力量对于广大村落共同体的敌意，以及村落共同体可能面临着转型的陷阱，那么就有必要特别深思以下两个问题。

第一，社区作为地域性的共同体在现代社会仍然被需要；地域或地方特征并不表示社区共同体悖时，关键是地域性共同体（例如社区）是否能建立起共同体与共同体之间、共同体与更大社会之间的联合体。

与滕尼斯一开始就从地域条件、社会关系以及文化一致性两方面同时定义 Gemeinschaft 有关,[②] 一方面从齐默尔曼（Carle C. Zimmerman）开始，共同体的地理要素被社会学所强调，社会学常识意义上的共同体（community）一度主要指自然的、地域性、小型的，成员彼此熟悉、日常互动频繁、相互帮助的，有某种共同生活方式的团体——这些条件支持着作为组织、范围内的、实体（都经常与地方和区域相连）内的成员相互依赖的、感情的纽带。小镇社区方面林德夫妇（Robert S. Lynd & Helen M. Lynd）著名的中镇研究、沃纳（W. Lloyd Warner）的扬基城研究，村庄社区方面艾瑞森伯格与肯波（C. M. Arensberg & S. T. Kimball）对爱尔兰西南部乡村的研究，工人阶级

---

① ［美］曼纽尔·卡斯特：《网络社会的崛起》，夏铸九、王志弘译，社会科学文献出版社 2006 年版；曼纽尔·卡斯特：《认同的力量》（第二版），曹荣湘译，社会科学文献出版社 2006 年版。

② 滕尼斯把 Gemeinschaft 分为三种类型：1. 地理的社区，以共同的居住区及对周围（或附近）财产的共同所有权为基础。邻里、村庄、城镇等都属这种社区。2. 非地区社区，亦称精神社区，只内含着为了一个共同目标而进行的合作和协调行动，与地理区位无关，如宗教团体和某种职业群体等。3. 亲属社区，也称血缘社区，即由具有共同血缘关系的成员构成的社区。所以，无论从地理还是从文化去观察、定义社区，都会有滕尼斯的影子。

社区方面格林（Bethnal Green）关于伦敦东区工人社区的研究，都支持从地方性定义社区共同体。汉语社会学所表述的“社区”① 即是家庭共同体之外最典型的地域性共同体，接近于韦伯所注意的“邻人共同体”②，或者说是邻人共同体的规整（甚至是极限）形态；村落共同体则是指农村社区意义上的共同体。相反，社团或联合体代表着处在不基于地域边界的、契约关系内的人们之间的交流关系，彼此之间的纽带仅仅是便利。③ 但是另一方面，共同体的社会关系类型、文化类型的要素，也颇受社会学的关注。特别是当代一些主张共同体存在而且应该存在、但又认为现代常规社会采取而且应该采取联合体关系类型的社会学家，通常强调地域条件不再是共同体的必须要求，共同体只是“指人们共有某些东西，它把人们紧紧联系在一起，而且给人们一种彼此相属的感觉”④，即它是指这样一种社会结合团体：人们在其中互相帮助以满足需求，彼此有一些共同的利益和可以分享的文化，有一些团结纽带以维持这个团体。所以，小至于家庭与社区、大而至于国家的结合团体，只要有这些特征都可以视为共同体。而传统共同体范式不再能容纳当代现实⑤，更像一个哲学梦想而不是真实现

① 也就是聚居共同体。

② 韦伯极其注意并强调大多数社会关系中存在着自然的集体特征，即社会行动者并非只关心自己的兴趣，而几乎总是留意其他人的希望、需求和行为。在人们卷入社会互动之处，总会发现共同体的潜在可能性，那些持续性的联系会特别产生互相依存的共同感觉。在这类关系中，除了军队单位、班级、车间、办公室以及情同兄弟的宗教团体等例证外，韦伯特别注意到，邻居的近距离是他们相互依赖感特别真切的根源，邻居正是所需要的典型的帮助者。邻居特别表现了组成兴趣共同体的倾向。（［德］马克斯·韦伯：《经济行动与社会团体》，康乐、简惠美译，广西师范大学出版社 2004 年版）

③ 在此意义上说，固然最好把社区和共同体加以区分，以便区分和定位家庭共同体、社区共同体、农村社区共同体即村落共同体等，但在本质上，英语社会学术语对共同体和社区不加区分，其实并没有什么不妥；费孝通以社区（聚居共同体）译 community 也并无不妥。

④ Graham Day，2006，*Community and Everyday Life*. London and New York：Routledge，p. 1.

⑤ J. Bernard，1973，*The Sociology of Community*. Glenview，Ⅲ：Scott，Foresman.

象。[①] 按维塞的分类[②]，当代社会学中强调共同体的地域条件的解释，属于共同体的结构主义理论，它主张共同体基于四个方面机制：时间空间性互动、类似性、权威以及收益。这是一种基于组织要素、环境条件的共同体机制分析，主要在社会网络、社会资本理论和美国新城市主义理论中得到集中表述。[③] 而主张共同体首先基于共享性道德秩序的观点则属于共同体的实质性理论，它强调共有道德秩序会在面对面交往的团体中激发一种归属感。这是一种基于文化意义、道德产物的共同体机制分析，主要在泽奥尼对普特南等人的批评、泰勒的社群主义理论及其在社会学理论方面的延伸中得到集中表述。[④]

实质性理论有利于认识共同体在当代社会的存在及其价值，但是把所有的社会结合体都泛视为共同体，降低甚至取消共同体的地域性质，并不见得明智。这不仅因为大多数社会学家们观察到地域性团体仍然是共同体普遍的、关键性的特征，[⑤] 而地区、城市、都市、国家

---

① Graham Day, 2006, *Community and Everyday Life*. London and New York: Routledge, pp. 9 – 10.

② Stephen Vaisey, 2007, "Structure, Culture, and Community: The Search for Belonging in 50 Urban Communes". *American Sociological Review* 72 (6).

③ Steven Brint, 2001, "Gemeinschaft Revisited: A Critique and Reconstruction of the Community Concept". *Sociological Theory* 19; Peter Calthorpe, 1993, *The Next American Metropolis: Ecology, Community, and the American Dream*. New York: Princeton Architectural Press; Peter Kaitz, (ed.) 1994, *The New Urbanism: Towards New Architecture of Community*. New York: McGraw-Hill.

④ Amitai Etzioni, 2001, "Is Bowling Together Sociologically Lite?" *Contemporary Sociology* 30; Graig Colhaun, 1991, "Morality, Identity, and Historical Explanation: Charles Taylor on the Sources of the Self". *Sociological Theory* 9.; Christian Smith, 1998, *American Evangelicalism: Embattled and Thriving*. Chicago: University of Chicago Press; Christian Smith, 2003, *Moral, Believing Animals*. New York: Oxford University Press.

⑤ 奥姆格林指出，齐默尔曼关于社区或共同体的经典定义包含四个特征：社会事实、规范、联合、有限地区，它需要一种区域性内容。希拉瑞（Hillary, George A. Jr. 1955, "*Definitions of Community: Areas of Agreement*". Rural Sociology 20）分析了既存的94种社区定义后，发现它们基本集中在3个因素上：人们之间的社会互动、一个或更多的共有纽带，以及一种地域关系。希拉瑞提出地域关系是最基础的元素。其他研究者（David McMillan &

等完全不借助 Gemeinschaft 或 Community 的概念也能获得清楚的内涵与外延；更主要的是因为，社区或共同体的地域性与其说是一种保守陈旧，不如说显示了人仍然是“划分边界的动物”①。就社区边界划分而言，它本身不是目的，主要目的和功能在于借此才能有效支持经济互助与情感联系。即一方面划分社区边界通常是便于满足边界内（特别是面对面交往的）成员间的非市场经济性质的互助与交换。在历史上，虽然绝大部分的共同体主要不是以营利为取向的经济团体，但一般都具有经济功能，内部通常也存在着分工和交换，只是这种分

David Chavis，1986，“*Sense of Community：A Definition and Theory*”. *Journal of Community Psychology* 14）则认为只要社会网络充分到足以维持 Gemeischaft 水平的互动与协作，社区就能存立；所以区域对于社区或共同体而言既非必要条件，也非充分条件。麦克米兰和查维斯提出只要四个元素同时存在即可视如社区或共同体的状态：成员资格、影响、整合与需要的满足，以及共同的情感联系。只要这四个元素共存，社区或共同体既可以从关系条件定义，也可以从地域条件去定义［Gunnar，Almgren，2000，“*Community*”. In Edgar F. Borgatta editor-in-chief，*Encyclopedia of Sociology*（Second Edition）. New York：Macmillan Reference］。在我看来，这些争议显示了很难否定地域边界性仍然是社区或共同体的重要条件。即便在社区脱域性较强的美国城市也是如此。一项新的关于美国 50 个城市公社的实证研究成果，虽然指出美国的城市共同体十分依赖于道德秩序与文化的共享性，甚至提出这可能是最直接作用于共同体形成的机制，但是也承认对自然空间、权力关系、高收益要求等机制的团体认同，与 Gemeinschaft 积极关联，两类因素同时发挥作用［Stephen Vaisey，2007，“Structure，Culture，and Community：The Search for Belonging in 50 Urban Communes”. *American Sociological Review* 72（6）］。至于共同体研究中的社区研究（community study），则一直聚集在三个确定的地方类型上：乡村或村落社区、小镇，以及工人阶级社区；从中形成的关于传统社区自然状态的概念，对共同体研究起支撑作用（Graham Day，2006，*Community and Everyday Life*. London and New York：Routledge，p. 27）。弗雷泽研究了社区研究的传统后，甚至断言社会学家们是把社区视为一个居民定居的位置、一个由多元关系的密集性网格组成的稳定社会结构以及高度相关的对外边界。（E. Frazer，1999，*The Problems of CommunitarismPolitics：Unity and Conflict*. Oxford：Oxford University Press，p. 67）

① Graham Day，2006，*Community and Everyday Life*. London and New York：Routledge，p. 2.

工和交换一般不是纯经济，至少不是以营利为目的的市场经济性质的。[①] 在市场经济嵌入社会的情况下，市场经济因素主要在共同体之间发挥作用，可能也会在共同体内部发挥补充作用，而共同体的规则被用于弥补市场经济无法满足共同体的群集生活的那部分内容。[②] 当然，社区共同体在现代社会的命运，也由此相当程度地取决于它的成员间非市场经济性质的互助与交换是否仍然被需要，取决于这个系统与市场交换特别是社区外市场交换能否衔接、如何衔接。另一方面，社区作为小型、紧密的地方性共同体被需要，也是在情感和社会认知意义上的——鲍曼甚至把它概括为人们寻找确定性的需要。[③] 社会学研究通常承认，面对面日常互动与非面对面互动的效果完全不同，熟悉的人群中产生的道德约束与情感联系的强度与性质也完全不同于陌

① 经济史家已经指出，当亚当·斯密强调新时代中分工与交换的效用，通过市场交换带来社会各阶层普遍富裕时，他混淆了一个问题：分工与交换也存在于共同体之中，这种分工并不一定需要市场经济中的交换，交换作为人与人之间交换各自的剩余物品的行为，也未必直接与分工相关。人和动物都拥有不依靠货币媒介便可合作生存的群体性生存形态，即共同体的生存形态。市场经济性质的分工与交换是从共同体之间交换的基础上成长起来的。在这个意义上，我们可以理解为什么马克思会说商品交换是在共同体的尽头，在它们与别的共同体或其成员接触的地方开始的。（［日］山口重克：《市场经济：历史·思想·现在》，张季风等译，社会科学文献出版社 2007 年版，第 91—92、18、45 页）

② 因此，一些善良的经济学家希望实现与共同体相协调的市场经济的繁荣，希望共同体之间能够通过和平的市场经济相互交流，用交换规则建立共同体之间的联系。（［日］山口重克：《市场经济：历史·思想·现在》，张季风等译，社会科学文献出版社 2007 年版，第 84 页）这种愿望既表明共同体之间可能需要市场联系并因此联结成更大的社会结合体（例如区域社会、国家管理下的社会等），但是共同体本身不是基于市场经济实现互相帮助、满足需求的，也并非所有的现代社会结合体都是共同体；同时，它也表明所谓社区共同体衰退是获得现代社会的自由与机会的代价（A. Little，2002，*The Politics of Community：Theory and Practice*. Edinburgh：Edinburgh University Press，p. 8）可能是鲁莽之论。

③ ［英］齐格蒙特·鲍曼：《共同体》，欧阳景根译，江苏人民出版社 2007 年版。

生人群。① 对于个体而言，社区共同体边界里面对面互动的、相互熟悉的人群，不仅常常是个体认知社会的基本场域、基本情景区，而且是个体在社会中满足与否的基本定位点、基本参照对象。例如，个体满足与否的内心感受、社会生活评价，首先或经常是在熟悉的人群中比较出来的，人群愈熟悉愈有可比较性和可持续比较效度，愈不熟悉愈只有即时或暂时的比较效度，甚至不被个体在意；或者说，愈是被个体所熟悉的人群，愈是个体关于社会和自我的定位点，愈是个体关

① 所以，敏感的社会学家发现了两个有趣的现象。其一，在现代都市，所谓异质化的人们在个人行为方面其实很相似，具有行为上的“同质”化，而没有什么当地性。依沃伦的观察，“可以肯定，社区之间在价值观、准则、主导利益、方式和其他文化方面有区别。但如果观察一个人在繁华街道角落、超市，或自己家，或体育事件的公开行为，他会很难知道这人是在匹兹堡，而不是圣路易斯；是在布利奇波特而不是洛克兰；在亚特兰大而不是丹佛”［Roland L. Warren，1963，*The Community in American.*（1［st］edition）Chicago：Rand McNally & Company，p. 429］。其二，在交往行为上，陌生人之间（城市、社会）与熟人之间（社区）是不同的。鲍曼说：“塞特纳……认为，‘城市就是一个陌生人可能在此相遇的居民聚集地’。让我补充一点，这意思是说……陌生人以适合于陌生人的方式相遇；陌生人之间的相遇不同于亲戚、朋友或熟人之间的邂逅相遇——相比而言，它是一个不合适的相遇。在陌生人之间的相遇中，不会去重新找到他们最后相见的地方；在两次相遇的间歇期间，他们谈不上痛苦，也谈不上高兴，更不会产生任何共同的回忆：对任何东西都不会产生回想，也没有任何东西需要在当前的邂逅过程中去加以遵循。陌生人的相遇是一个没有过去的事情，而且多半也是没有将来的事情（它被认为是，并被相信是一个摆脱了将来的事性），是一段非确切的‘不会持续下去的往事，是一个一次性的突然而至的相遇，在到场和它持续的那个时间里，它就会被彻底地、充分地完成，它用不着有任何的拖延，也不用将未了之事推迟到另一次相遇中……在他们相遇之时，没有尝试和错误的余地，无法汲取错误的教训，也没有另一次尝试的机会和希望。”结果，都市生活只要求有一个相当特殊和熟练的技巧、礼仪客套规则。（［英］齐格蒙特·鲍曼：《流动的现代性》，欧阳景根译，上海三联书店 2002 年版，第 147—148 页）沃斯也提出：在人口密度高、异质性强的城市社区，人和人的接触表面化或片面化，初级的人群关系变淡，个人容易感到孤独［L. Wirth，1938，“Urbanism as a Way of Life”. *The American Journal of Sociology* 44（1）］。这些批评本质上支持一种观念：社会是一种存在于广泛合作关系中的综合实在，所以既是外在的，又是内在于个人的（［英］菲利普·梅勒：《理解社会》，赵亮员等译，北京大学出版社 2009 年版，第 15—16 页）；共同体则既是一种合作层次，是社会子层合作的形成，更是体现了一种需要紧密合作的情感。所以，地方性的共同体很难说是过时的，虽然它在所谓传统社会中更为常见。

于自我与社会的经验与感受的“不会消失的见证人”①。这是社区作为面对面交往的地方性共同体隐蔽地嵌入个体意识的心理基础。②

第二，社区作为地方性共同体在现代社会的价值和基本境遇，一方面表明村落共同体的农业经济支撑条件以及其他条件（例如国家的行政村体制安排）在现代可能松动甚至剥离，但它作为社区共同体仍然是正常的现代社会的基本资源，因此，听任或助推市场力量扫荡村落共同体，并不是正常的社会要求和社会现象。另一方面，它也表明，村落共同体要在现代社会保持活力，不仅需要谋求社区内发展，更需要恰当地突破地理边界，通过谋求社区外联系以及社区外力量对社区的介入而发展社区，③ 而不是谋求使村落逃避复杂的变迁力量，

① ［英］齐格蒙特·鲍曼：《共同体》，欧阳景根译，江苏人民出版社 2007 年版，第 52 页。

② 所以，梅勒说社会情感刺激存在于最平常的日常互动中而产生“初级社会性”（［英］菲利普·梅勒：《理解社会》，赵亮员等译，北京大学出版社 2009 年版，第 162 页）。而布迪厄所谓惯习（各种不言而喻的信念、知识）作为一个持续的、可转化的秉性系统，也是首先就存在于社区为人们提供的日常生活圈。社区就这样不受人注意地嵌入个体意识中。依威尔金森等人的观察，社区显然是个体人格成长的主要影响要素，它是个体与社会联系之所，是家庭之外的社会体验的最初领域，是直接表达人走向联合的舞台，可以培养独特的集体责任态度。［K. P. Wilkinson，1979，“Social Well-being and Community”. *Journal of the Community Development Society* 10（1）］；也是人满足需求，特别是避免社会孤独感的基石［H. C. Greisman，1980，“Community Cohesion and Social Change”. *Journal of the Community Development Society* 11（1）］在某种意义上说，当滕尼斯一开始指出 Gemeinschaft 体现了人们的自然的、本质意志（natural will，即基于感情与信任的结合），而 Gesellschaft 体现理性选择意志（rational will，即基于彼此利益或契约的联合）时，他至少是觉察到人的社会感觉的定位标度是有地方性的，社区作为地方性共同体则是人们感知社会与自我，以及作出满意与否评价的基本参照系统之一。共同体的实质性理论所强调的共享道德感及其激发的归属感，可能的确是社区共同体的特征和基础，但是这不意味着人们的道德感、归属感与地方感（特别是面对面交往之地）不是联系在一起的。

③ Gene F. Summers，1986，“Rural Community Development”. *Annual Review of Sociology* 12.

更不能指望把社会重新“部落化”为一个个孤立的、自我维系的单位。① 但是，由于村落共同体在现代社会面临空前复杂的推压力量，村落共同体究竟可以以何种方式和途径联系社区外的力量，究竟趋向存留、新生还是衰亡，客观上存在着多种可能性。

与其他共同体特别是现代各种职业团体相比，支持传统村落共同体存在的特别基础通常来自两方面。其一，经济方面，农耕技术经济条件不仅支持家庭农业，而且导致不易分割农户家庭财产，社会通常也支持家庭作为共同消费之地。农村家庭的稳固存在不仅造成经济与社区不分离的状况，而且一般会支持邻人关系及村落共同体的形成和维持，并强化村落共同感。一如韦伯所析：“家是一种满足一般日用的财货需求与劳动需求的共同体。在自给自足的农业经济中，遇到紧急的状态，极端的匮乏与危机而又非常需求时，其中很重要的一部分必须仰赖超越家共同体之上的共同体行动，亦即‘邻人’（Nachbarschaft）。”② 其二，出于特定政治统治或治理体系的需要，政治权力通常也会支持或强化村落作为一个政治共同体单位，甚至以政治和行政力量认可或划定村落共同体的地理边界。正因如此，传统村落共同体常遭诟病的特别问题也有相应的两方面。其一，地域边界明显。村落共同体有可能“不借助社会其他成分的帮助而独立进行其自身的再生产，即通过自身的手段（内部社会化）最终把下一代培养成与自己

---

① J. 1975，“Towards a Social Anthropology of Europe”. In Boiseenvain，J. & J. Friendl (eds.)，*Beyond the Community*：*Social Process in Europe*. The Hague：Department of Education and Science of the Netherlands.

② “所谓‘邻人’，我们所指的并不单只是因为农村聚落的邻居关系，而形成的那种‘原始的’形式，而是所有因空间上的接近，换言之，基于长期或暂时的居住或停留而形成近邻关系，从而产生出一种长期慢性或昙花一现的共同利害关系……以此，按聚居方式之不同，‘邻人共同体’在表面上看来自然极为形形色色，诸如，散居的农家、村落、城市街坊或‘贫民窟’。”（［德］马克斯·韦伯：《经济行动与社会团体》，康乐、简惠美译，广西师范大学出版社2004年版，第261—262页）当然，村落共同体存在并不表示共同体行动总是通则，比起家庭共同体的经济功能和社会功能，总是不密集连贯、范围不太确定。（［日］山口重克：《市场经济：历史·思想·现在》，张季风等译，社会科学文献出版社2007年版，第15、20页）

相似的成年人，从而使社区结构及其文化以这种方式世代存续。作为传统社会的组成部分，这种社区只是它所组成的更广泛的社会一个较小的变异体，可以在更小的范围内做那个更大的单位即社会能够做的一切”。“这种社区具有强烈的地域认同感和忠诚感”①，但是既存生活方式的重复再生产②也会形成鲍曼所讥刺的严格区分你我、限制自由出入的共同体边界。其二，如韦伯③略带讥讽地描述：共同体可能发展为独占体，如果解体则权益落于私有制。所以，共同体有可能向扩张为更大的社会结合体的方向发展，也可能向独占体方向发展。由此，村落共同体在现代社会能否继续存在并发挥社会团结作用的关键，也就在于是否存在着社区共同体联结社会的可能性，即在抽象意义上说取决于村落共同体关系能否被发展成韦伯所说的“合理性的‘结合体关系’”。④ 具体说来，取决于：其一，向内能否适当地强化村落共同体的经济规制团体的性质和功能，有效地把家庭共同体置基于经济上互助互补，而不仅是文化上的手足之情。其二，向外能否在现代职业团体发挥越来越大的社会整合作用的情况下，找到打破村落边界，既链合外部社会又保持村落共同体联结纽带的原则与途径，把村落共同体发展成为社会结合体的一部分。

现在的问题不是没有村落共同体与社会联结的可能性，而是市场和国家力量同时介入农村后，村落共同体面临的推拉力量空前复杂，从而面临着联结社会的多重可能性。所谓“推拉力量”，不仅是经济性质的——例如刘易斯假设的农村为缓解人地矛盾、转移剩余劳动力

---

① 冯钢：《整合与链合——法人团体在当代社区发展中的地位》，《社会学研究》2002年第4期。

② Graham Day, 2006, *Community and Everyday Life.* London and New York: Routledge, p. 28.

③ ［德］马克斯·韦伯：《经济行动与社会团体》，康乐、简惠美译，广西师范大学出版社2004年版，第234—245页。

④ 韦伯还指出，共同体成员专门资格规定易招致有些人一味追求会员资格可资利用的门路；近似的共同体在互相争取成员时，即使基本上非经济性的共同体也有意识许诺具体的经济利益。（［德］马克斯·韦伯：《经济行动与社会团体》，康乐、简惠美译，广西师范大学出版社2004年版，第243页）不过，这主要不是针对邻人共同体与村落共同体。

而产生的推力，以及资本与现代部门解决劳力不足而产生的拉力，[①]同时也是社会性的。韦伯曾提出一个关于“家”的共同体解体的解释：“在文化发展的过程中，促使紧密一体的家权力趋向衰微的内在动因与外在动因不断增加。自内而起的解体动因在于：能力与需求的开始与分化，而这与经济手段在量方面的增加相关联。随着生活可能性的多样化，个人越来越不能忍受共同体先前所硬性规定的、未分化的生活形态，从而越来越倾向于以一己之力来形塑自己的生活，并且自由享受单凭个人能力所创造出来的成果。外在的解体因素则来自于竞争性社会组织的介入：例如国库有意要更加密集地榨取个人的赋税能力”。前一种力量，即个人主义营利方式一旦成立、个人主义观念一旦形成，“将自己委身于一个大型的共产家计里的诱因，委实愈来愈少”[②]，这可以被视为家庭共同体瓦解的内推力量，后一种力量则可以称为共同体瓦解的外拉力量。显然，韦伯所言并不仅仅适用于观察家庭共同体，也适用于观察社区共同体之外的种种社会经营所产生的村落共同体的分解力量。另一方面，通常还同时存在着抑制村落共同体分散的“反向推拉力量”：其一，存在着把个人推向村落共同体的力量。除了农村居民可能有乡土归属感，可能通过合作社进入市场，以及特定国家在政治上选择村庄为基层治理单位并支持村庄自治等，小农个体在城市和市场上的经常受挫也会迫使他们转而依赖传统的村落共同体互助。例如，一些关于东、中欧社会主义国家市场化时期的研究已经发现，计划经济与市场经济混杂时期产生的新的不平等、阶层化，使农村居民产生心理痛苦，被迫发展适应性的家庭经营策略。[③] 农民家庭面临矛盾的

---

① ［美］威廉·阿瑟·刘易斯：《二元经济论》，施炜等译，北京经济学院出版社1989年版；黄宏伟：《20世纪90年代中国农民跨区域流动的成因分析》，《农村经济》2005年第1期。

② ［德］马克斯·韦伯：《经济行动与社会团体》，康乐、简惠美译，广西师范大学出版社2004年版，第281—282页。

③ D. L. Brown, & L. Kulcsar 2000, “Rural Families and Rural Development in Central and Eastern Europe”. *Eastern European Countryside* 6; D. L. Brown, & L. Kulcsar, 2001, “Household Economic Behavior in Post-Socialist Rural Hungary”. *Rural Sociology* 66 (2).

选择：一是选择发展更密集的社会性网络，农村居民个体和家庭将更少联系对他们达到市场目标没有直接帮助的人，结果是更少卷入所居住的社区。另一个选择是更倾向于发展社区内的非正式社会互助网络，去应对混乱的经济和社会保障系统的缺失，个人与家庭都因此更加依赖邻居互助，结果更加紧固了社区纽带而疏离了社会纽带。[①] 其二，还存在着出于经济、政治甚至文化和人道的力量和目的，试图平衡城乡发展，振兴乡村地区的农业经济和社区共同体，改变传统乡村精英把持权力的格局，增强乡村大众的权力，并使村落共同体链接社会以形成社会结合体的拉力。例如从 20 世纪后半期起，拉美和非洲的地权运动、亚洲的小农组织、北美和欧洲的改革活动与社区激活，欧洲、北美与澳洲的激进农场主团体、乡村认同运动与乡村社区发展运动（包括本土居民运动、回到土地自愿者和环境维护者对乡村调整的抗议等），都为积极进行乡村社会重建的新乡村社会运动的动员创造了空间。虽然这些运动在乡村社区与社会的关系目标上存在某些不同取向，但要求小农的土地权利，保护农业的传统方式并反对新自由主义土地改革、经济自由化和农产品跨国企业行为，则是其共同取向[②]——在我看来都是反对用市场规则联结乡村与社会。

以上四个方向力量的存在，客观上造成村落共同体有四种联结社会的可能性。通常，既要打破共同体边界又要保持小型、地方共同体规则是极其困难的。莫尔在《乌托邦》中曾表达过天才而忧郁的预见：一个乌托邦即使全力抑制公民间差异性而达到平等和一致性，仍然面临外部世界的威胁，除非全世界都通行乌托邦规则。因此，莫尔为乌托邦设想了一项重大工程：掘开海沟把与大陆联结的乌托邦半岛变为乌托邦海岛。该工程绝不只为了便利乌托邦的军事防卫，更是为了把乌托邦与外部世界的必要交换减少到最小、最主动的程度，以便

---

① David J. O'Brien, Sephen K. Wegren &Valeri V. Pastsiorkovsky 2005, "Marketization and Community in Post-Soviet Russian Villages". *Rural Sociology* 70 (2).

② M. Woods, 2008, "Guest Editorial: Social Movements and Rural Politics". *Journal of Rural Studies* 24.

在不能把全世界都变成乌托邦的情况下，最大限度地保护作为小型共同体的乌托邦——这恐怕是马克思关于共产主义不可能在一国单独取胜论断的思想来源。这里如果借用莫尔的乌托邦文学底本，把广阔社会比作茫茫大陆，把弱小而相对封闭的村落共同体视如小型岛屿，那么可以说：村落共同体与社会的联系原来就以共同体成员不认识或不方便的自然形式存在（一如大海把岛屿和内陆联结在一起），而人们自觉建立与发展两者间的联系则犹如设法过海。莫尔设计的乌托邦掘海工程，把联结大陆的半岛再变回岛屿，岛民与世界联系只能通过船只，实际上就是第一种过海可能性与策略选择。在现代社会，它可能表现为要求简单强化村落共同体的主张和行动，属于逆市场化、逆城市化的方式。第二种过海方式，是指原本处在岛屿的居民（村落共同体成员）自然地以船过海，与其他岛屿和大陆作各种必要交换，彼此关系相对不密切、不方便，但可以取其所需，其中的经济交换可能是非市场交换性质也可能是市场经济性质的。某些国家和社会选择听任乡村地区和村落共同体自生自灭，大体属于这一类方式。第三种过海方式与乌托邦掘海工程逆向，即实施填海工程，人为建立岛屿与岛屿、岛屿与大陆的陆行联系，把所有岛屿最终都变为陆地。填海工程的造价昂贵；工程完成后，岛民从此可以自如陆行，但是走远了、走久了可能不再回来，或者想回来而迷路。在现代社会，纯粹以市场经济方式扫荡村落共同体，从而满足市场力量对于自由劳动力和土地的觊觎，属于典型的社会填海工程。第四种过海方式，则是本文后面要讨论的建立恰当的、旨在减轻或消除城乡社会不平等的城乡社区衔接，如同造跨海大桥，既可以最小环境代价和小农权益最大化的方式建立起岛屿间、陆岛间的快捷交通，又可保持岛屿生活的可选择性；跨海大桥还需有不同于普遍桥梁的形制设计——包括在公民个体间友善原则之上推动共同体之间的友善政治伦理。

面对过海比喻或“过海理论”所表述的四种可能性，国家以及包括村落共同体在内的社会力量究竟选择哪一种，取决于人们争取什么，取决于人们采取何种社会原则、把哪种社会构成视为正常。对于这个问题，公共社会学和政治社会学理应积极介入。

第三节 村落共同体与公民社会：公共社会学的关心

关心公民社会建设的公共社会学实际上也面临一个重大问题：村落共同体作为地方性共同体究竟是不是公民社会的敌人？村落共同体在当代社会有多大意义，在很大程度上也取决于它与公民社会的关联。

倡言公共社会学的布络维本人并没有细致触及公民社会究竟是基于个体的个人主义理性聚集，还是基于公民社群或团体的价值与利益共享，抑或是公民个体、公民团体与共同体的结合——这在他也许是不言而喻的。如前所述，共同体或社区从古典社会学开始就被用来解释社会如何团结在一起，是什么赋予集体或团体以单位和区分，以及社会纽带被强化或被社会变迁、社会发展所规定，等等。因此，“社区”，特别是肯定“社区”存在意义的研究代表的是一种关于团体及其区别于孤立状态或个人主义的重要讨论，[①] 即是关于社会构成的非方法论个人主义的讨论；而个人主义的纯粹竞争性聚合会被倾向于视为失序状态或“失范”。不过，政治社会学、社会学所设想的公民社会的确存在着两种甚至更多的可能性。在自由主义关于合理的公民社会的设想中，个体作为理性个体、私人进入公民社会，[②] 一如哈贝马斯早期所强调的，理想的资产阶级公共领域是由理性的私人组成，公共领域作为市民社会衔接国家活动的区域和部分，本身仍属于私人领

① Graham Day，2006，*Community and Everyday Life*. London and New York：Routledge，p. 2，pp. 24—25.

② 社会学的社群主义认为共同体或社群是两种要素的联合：（A）在个人组成的团体中间的一种充满影响力的关系网络，这些关系经常交叉并且互相强化，而不只是一对一或个人关系的链接。（B）对于共享价值、规范、意义的承诺，以及共享历史和对特别文化的认同。［Amitai Etzioni，2000，“Communitarnism”. In Borgatta，Edgar F.（editor-in-chief），*Encyclopedia of Sociology*（*Second Edition*）. New York：Macmillan Reference］

域的组成部分。[①] 因此，自由主义的公民社会在根本上没有理由重视共同体，更没有理由尊重村落共同体。另一类政治社会学则把共同体视为一群人，在表达认同感时吸收了一组相同的符号资源；它不仅是与认同的其他形式相匹敌的一种认同形式，还是塑造认同的一种共同的手段。所谓共同体是通过划定边界和管辖成员来发挥功能，边界则是通过相似性和差异性的二重数轴划定的。身处共同体的体验就是以一种方式阐释或解释社会世界，尽管这种方式与我们理解他人的方式不完全相同，但却可以与之一致。[②] 因此，既然国家在现代仍不可能依靠行政手段来控制社会的每一个人，那么要把社会凝聚、整合起来，“社区发展”就是将社会控制下移到一个个自治社区手中的“分权方案”，其目标是通过社会基层组织的自治，来调整政府与民间的关系，并实现社会整合。[③]

这种分歧表明，地方性共同体是否被视为公民社会的敌人，首先取决于公民社会是什么性质的，或者说，取决于公民社会应该被视为基于方法论个人主义之上还是方法论社群主义之上。从前一个立场说，村落共同体可能是公民社会的潜在敌人。从后一立场看，村落共同体不是公民社会的敌人，而是一个友善的公民社会的组织支柱。例如，1990 年发布“积极的社群主义的宣言”，并将泰勒（Charles Taylor）、桑德尔（Michael Sandel）、沃泽尔（Michael Walzer）的政治哲学的社群主义拓展为社会学流派和社会运动的泽奥尼，曾这样概括两种立场的区别：社会哲学的社群主义（Communitarianism）的核心预设是必须共享利益；自由主义的核心预设则是人们的考虑无论对错，都有权作出个人决定，

---

① ［德］哈贝马斯：《公共领域的结构转型》，曹卫东等译，学林出版社 1999 年版，第 2、31、41、59、96 页；Mark E. Warren，1995，“The Self in Discursive Democracy”. In White，Stephen K.（ed.），*The Cambridge Companion to Habermas*. Cambridge：Cambridge University Press，pp. 171－172.

② A. P. Cohen，1985，*The Symbolic Construction of Community*. Chicester：Ellis Horwood Ltd. Publishers；［英］凯特·纳什、阿兰·斯科特：《布莱克维尔政治社会学指南》，李雪等译，浙江人民出版社 2007 年版，第 297 页。

③ 冯钢：《整合与链合——法人团体在当代社区发展中的地位》，《社会学研究》2002 年第 4 期。

社会安排与公共政治在某种程度上是需要的，但是不应该被共享价值所驱使，只能由个人卷入的自愿性安排和契约所驱使并反映他们的价值和志趣。社群主义认为社会制度与政治受传统因而受代代相传的价值的影响，它通过非理性的过程，特别是内化过程而成为自我的一部分，并且被诸如说服、宗教或政治教化、领导，以及道德对话等过程所改变。由此，社群主义还强调人们对其家庭、亲属、社区以及社会有一种特殊的道德责任，因此它虽不拒斥基本的自由主义理想及其功绩，但是鼓励一种责任伦理，一个好社会被认为是基于小心翼翼达成的自由与社会秩序之间、个人权利与社会责任之间、特性（伦理的、种族的、共同体的）与全社会价值及联合之间的平衡。而自由主义则强调但凡个体都有普遍权利，可以忽略个体的特殊的成员身份——在此意义上所谓社会的观念甚至是虚构的。

泽奥尼强调，社会学的社群主义见解既是经验性的也是规范性的，比起基于方法论个人主义的自由主义更具经验依据。社群主义观察到，人生来与动物类似而非自由主义所谓人生而道德，但是在社会制度下经过适当的价值内化与强化，人能增进品德。作为一个好社会基石的道德基础则是由四个社会形式塑造的，即家庭、学校、社区，以及许多社区组成的社区（the community of communities），这四个核心要素如同大盒套小盒的中国盒子：婴儿出生在家庭中，慢慢接受价值、发生道德自我；学校在孩子变大时进一步发展他们的道德自我，或者矫正其特性；社区或社群则通过强化其成员特征而加固其道德基础，不至于使个人失去对价值的承诺。社区中的道德声音作为他人的非正式赞同会形成一个非正式影响的关系网络，比国家力量更能为社会秩序提供道德基础；社区或社群愈弱（例如人口流动量愈大、共享核心价值愈少、异质性愈高），则社会网络愈疏，道德声音愈稀。当然，社群具有边界性，社群之间可能发生冲突，因此社群之上、由许多社区或社群所组成的社群——即社会——就是重要的。基于这个经验基础，社会学的社群主义坚持不能视社会由千百万的个体所组成，而应视之为复合团体（asplurlism with inunity），其中的亚文化与地方单位并不是对社会整合的威胁，只要社会的核心共享价值和制度受到尊重；自由与社会秩序、自我与共同体的关系也不是零和的，社群中的个体比孤立的个体更加理性、有效率（但是，如果社会压力持续达到高水平，它会破坏自我的发展与表达）。社会学的社群主义就是在这个意义上，一方面强调公民社会（civisociety or civilsociety），即各种公民结社制度有助于个体互助以满足其社会需要，可以部分地肩负起原本应由国家承担的福利责任；另一方面则强调公民社会虽然好但是不够充分，因为公民社会在许多事务上更倾向于道德中立，而不是关心价值自身固有的品性，以及如何把它们变成公民的需要并使他们成为公民社会更有效的成员（例如更加批判性地思考），为此一个好社会要追求发扬实质性的核心价值，而且不能不区分对待公民团体，即认为其中某些社会团体和活动更有品德。①

泽奥尼发起的社会学的社群主义运动并不专门、大量地涉及村落共同体与公民社会的关系，但是它与自由主义的争辩还是有助于人们重新认识村落共同体与公民社会的两个层面的关联。

第一，如果在社会学的社群主义立场上作出拓展，则不难发现：(1) 存在着非城居的国民是否应该和如何组成公民社会的问题，因此有必要面对既存的村落共同体、农村居民与公民社会的关系与通道问题。甚至，问题首先不是村落共同体与农村居民是不是公民社会的敌人或拖累，而是农村居民有权成为公民社会的一部分。(2) 类似于托克维尔《论美国的民主》观察到的19世纪美国广泛存在的社团、社区组织等自治团体不仅有助于抵挡国家暴政，而且有助于公民在参与熟悉的地方性公共事务过程中自然地培养公共热情与公益能力，成为合格的公民；社会学的社群主义也强调好的公民社会是社群的复合体，好的地方性共同体是好社会的基础，身处这类共同体中的公民会由于共享价值、文化纽带、互助互惠而更富于合作、理性和效率。这类经验观察，说到底是在规范意义上主张公民社会中公民与公民之间不能只存在计算私利、斤斤计较的经济关系，只在公共领域中发展你

① Amitai, Etzioni, 2000, "Communitarnism". In Borgatta, Edgar F. (editor-in-chief), *Encyclopedia of Sociology* (*Second Edition*). New York: Macmillan Reference.

争我斗的权力关系，而要保持阿伦特反复致意的友善、乡谊[①]以免公民社会、公共领域沦为公民的合法争吵场。在此意义上说，一个与社会核心价值、制度保持一致的村落共同体，正是公民社会的有机部分，而且好的村落共同体正是农村公民既培养公共关心，同时保持乡谊、保护公民间友善的特别温床。（3）与“过海理论”相一致，在实践上由于公民社会类型、村落共同体前景都存在着不确定性，村落共同体与公民社会的关系与通道完全可能趋向不同方向。例如，听任市场力量自行作为，村落共同体有可能被瓦解成为残余的私人的聚居链接，遑论成为公民社会的乡村形态；单纯推进基于方法论个人主义而设计的选举政治、乡村自治，村落共同体成员也有可能加速趋向原子化公民，或政治利益小宗派，遑论确立农村与城市的公民政治联系，以及基于农村的经验和政治实践达致公民社会。

第二，社区虽然被视为新进步主义的基石之一，[②] 共同体精神虽然被社会学的社群主义反复提议，甚至被期望为抵制自由市场经济学及其自由主义哲学的社会基石，存在于家庭和小型社区内的互惠被认为需要扩展到目前受经济思潮主导的国家关系和全球关系中；但是社群主义的公民社会并非没有疑问。诚如人们所批评的，公民社会并不尽善，某些社团、社群甚至是反社会核心价值和制度的，社区或社群并非解决现代社会利益宗派化的天然解毒剂。因此，公民社会及其理论甚至需要祛魅。就村落共同体而言，所谓祛魅，是指它能否成为一个好的公民社会的组成部分，不仅取决于村落共同体内部能否维系良好的公民团结，而且取决于村落共同体能否处理好与其他共同体的关系，由共同体内部的公民乡谊发展出共同体之间的友善，共同维护核心共享价值与制度，并避免形成社会组织间的宗派争斗；取决于能否与一个好的公民社会形成良好联结，并与整个社会的核心价值、制度保持一致。换句话说，村落

① ［美］汉娜·鄂兰（即阿伦特）：《黑暗时代群像》，邓伯宸译，台湾立绪文化有限公司2006年版，第31—32页。

② Graham Day，2006，*Community and Everyday Life*. London and New York：Routledge，p. 15.

共同体要成为公民社会的构成，需要迈出两大步：基于村落共同体的资源，恰当地训练农村居民的公共关心和处置公共事务的能力，是为第一步；解决村落共同体与其他共同体及社会的政治链合，是为第二步。但是，争取这种关系与前景，首先需要以各种共同体的社会、政治平等和经济互补为条件。如果村落共同体还被置于城乡二元化的社会结构、政治体制、国家福利框架之中，城乡两种社区还处在极度的社会不平等之中，村落共同体作为公民社会的积极构成只是奢谈。显然，改变这种状态，有待于积极的国家干预。

第四节 十字路口的中国村落共同体与城乡衔接：政策社会学的论题

英语世界的乡村社会学把乡村聚落分为小村落（hamlet）、村落（village）、集镇（township）、城镇（town）等。小村落通常是没有教堂的小村子。村落比之于小村落，规模大（从数十户到数百户），还属次要特征，最重要的是它有教堂及其他公共性的中心。这里所讨论的中国村落，确切说是指行政村，即是中国当代政治、社会进程中产生的一种“Village”（自然村大体对应于 hamlet）。这种行政村算不算共同体，是什么意义上的共同体，在概念上显然有争议。在乡村社会学领域，20 世纪 70 年代以后一些研究者曾从社会史角度特别有力地论证过，与“社会”形成对照的传统村庄共同体或社区只存在于概念和假定上，更多的是某种民俗记忆，乡村社区一直被卷入社会发展进程。[①] 有些关于乡村社区性质、功能、特征的经典描述与定义（诸如把社区描述为静态的、传统的、团结的与边界固定的），还被批评为缺乏历史分析尺度，以至于把一时现象视为永久特性，例如吉本[②]等人指出，40 年代艾瑞森柏格和肯波所描述和解释的爱尔兰西南部

① H. Newby, 1987, *Country Life: A Social History of Rural England*. London: Sphere Books, p. 78.

② P. Gibbon, 1973, “Arensberg and Kimball Revisited”. *Economy and Society* 4.

乡村社区的团结、稳定、互助、和谐等特征,[①] 有很多实际上是受19世纪40年代马铃薯歉收影响的结果。批评者们虽然多少承认社区具有团结和整合功能，但是更强调农村社区充满了变迁、分化、矛盾而具有复杂的模式。本文同意这类批评，因为本来就很少存在完全吻合gemeinschaft概念的共同体，实存的中国村落共同体同样也处在雷德菲德所说的连续变迁序列中的某个位置。此外，40—70年代日本学者曾基于同样的满铁调查材料，专门就中国村落能否被称为共同体展开论战。持否定意见者认为中国村落缺乏共同体应有的边界、共有财产、村落观念，而持肯定意见者则强调有这些证据。[②] 论战的“核心实质”曾被归为“是家优先还是村优先的问题”[③]。实际上，家优先作为农村常态一般并不妨碍村落共同体的产生与维系，关键是中国同一时期不同地方的村落共同体受国家、市场和内部三种压力的不同交替作用，会导致共同体的产生过程、形式、机制、松紧度有所不同，这才是日本学者使用同一批材料而得出不同意见的根源之一。通常，只在理论上存在着村落共同体完全由社区内部力量自发形构的可能性，实际上国家力量、市场力量总是参与，影响甚至决定村落共同体的边界、机制和功能。[④] 因此，清末民初以来国家影响，甚至划分村

---

① C. M. Arensberg & S. T. Kimball, 1940, *Family and Community in Ireland*. London: Peter Smith.

② 李国庆:《关于中国村落共同体的论战——以“戒能—平野论战”为核心》,《社会学研究》2005年第6期；黄宗智:《长江三角洲小农家庭与乡村发展》，中华书局2000年版，第26—27页。

③ 李国庆:《关于中国村落共同体的论战——以“戒能—平野论战”为核心》,《社会学研究》2005年第6期。

④ 以美国为例，研究者和政策制定者关于乡村与城市的界定，依赖于联邦政府的两个系统关于城乡的划分。美国人口普查办公室依照人口密度划分城市与乡村地区，根据2000年人口普查，有近500万乡村人口生活在2500人规模以下的社区中。而管理与预算部门则以都市区与非都市区表示城市、乡村的整合角度，并且对乡村使用了15个以上的不同角度的界定（例如从通讯负担角度把5000人以下居住区视为乡村，而从供电角度划分乡村的标准，2000年前为1500人以下，2000年改为2500人以下，等等）。美国政府建立这种地方标识通常出于管理目的：决定哪些地方适合特定的政府项目，即相应的乡村界定都服务于政策目标。（Cornelia Butler Flora & Jan L. Flora 2008, *Rural Communities: Legacy and Change* (third edi-ton). Philadelphia: Westview Press, pp. 7-9, 12-13）

落边界，本身并不一定意味着取消了中国的村落共同体，① 而是意味着村落共同体的边界、方式、功能以及自治（如果有的话）受到共同体之外力量的形塑，以便适合国家选择的乡村治理模式。

20 世纪 80 年代随着人民公社体制结束、实施政社分离而出现的 80 多万个行政村（现减并为 60 多万个），显然既具有国家行政规定的色彩，同时也有农村自然聚落的基础。它基本上都在人民公社体制中的大队一级设置，与公社体制相比，一方面是延续了 1949 年以来，特别是集体化以来国家在农村以集体组织取代其他村落共同体（例如宗族共同体）的政治努力；另一方面则把农村集体的核心层面从公社下降一级、从生产队上提一级。这个体制推出之初，作为显性规制，它使原来大队一级的村集体被确认为村落首要的、首级的共同体，其他合作体（如原生产队、后来的村民小组）为次级，家庭为基本共同体。它意味着国家承认农村集体（或共同体）是有地方性的，它涉及特定的居民、文化和环境的关系，与国家设置的地方边界可能很不一致，至少公社作为集体过大，政府也无力把公社与城市社区或单位一样整合纳入国家政治、经济和福利体系；同时承认从高级社以来渐次形成的自然村联合的大队已经是被农户广泛认同的村集体，要求它在国家撤出对农村经济和社会直接治理之后作为农村社区共同体担当村落公共供给的主要责任。② 作为隐性规制，实施政社分离、行政村制度，并且与联产承包制相配置，是在激励农户单位的生产积极性的同时，把农村基层公共供给的负担卸给行政村，以便继续保持国家供给和发展城市的能力。它意味着更多地增强了农户的自主性，放松了对农民以劳动力个体进入市场的束缚，并为市场力量影响农村创造了条件。而集体与农户“统分结合”设计中“统”的一端，即村集体发挥组织农户的基础与能力没有得到充分的、切实的资源保障和制

① 黄宗智：《长江三角洲小农家庭与乡村发展》，中华书局 2000 年版，第 24—28、312—314、148—159 页。

② 参见拙作《乡村组织化与乡村民主》，《中国社会科学季刊》1998 年春季号。

度保障。① 因此，行政村虽然被要求成为经济上的集体单位和政治上的自治单位，但是其变迁前景实际上却具有某种不确定性。改革30年来，对于行政村形态的村落共同体而言，显然有一些力量在推动村落共同体的强化，有一些因素则在发挥瓦解“集体”的作用，村落共同体不能不进入村集体与传统共同体之间的不确定地带。②

就村庄与市场关系而言，改革以来既保持村集体又发展农村与市场的联系，形式上有利于发展村落共同体与大社会的联结，但是卷入村庄经济关系重建的三种力量——资本、农民、政府——对于市场经济及村落共同体的态度、要求显然不一样。如前文所论，资本在农业、农民、农村与市场的关系问题上，断然不会顾忌农业的弱质和农民的弱势，按其习性只是要利用农业的弱质和农民的弱势，把农民从村落共同体中分解为单个、廉价的劳动力，去获取资本最大收益。而农民对于市场经济的态度是随条件而变化的，即对于市场怀抱着一种安全经济学逻辑，活不下去的时候会作出各种方式的反叛，仅有糊口条件时采取生产消费均衡模式，在条件具备时则接受和进入市场经济。政府则抱有经济繁荣与政治稳定的双重标准，在对待农业、农民、农村与市场的关系上，客观上面临五种选择可能：压榨剥削“三农”，任其暴露在市场，对三农实行半保护，保护三农，用各种方式提升农民进市场的能力。中国作为发展中大国的政府政策选择显得更加困难些，通常很难简单采取一种选择，推动村庄经济转型的各项改革政策不能不在非市场化、市场化与保护农民进市场之间不断寻求平衡点。于是，在重建村庄与市场的关系过程中就产生了一些相互冲突、相互牵扯的力量，一方面形成了分解村落共同体，把村庄打散进入市场的力量、形式与过程，例如，乡村工业化并最终实行乡镇企业转制、商品农业、农民进城打工与迁离、撤村建居，等等，以及与此伴生的农村劳动力从农户单位逐渐转向以劳动力个体为单位。另一方

① 仝志辉、温铁军：《资本和部门下乡与小农户经济的组织化道路——兼对专业合作社道路提出质疑》，《开放时代》2009年第4期。

② 参见拙作《村庄大转型——浙江乡村社会的发育》，浙江大学出版社2008年版。

面，它也促成村庄、农户面对市场采取各种自我保护办法，例如，土地制度改革因突出考虑农地对农民的社会保障功能而步伐较小，采取农村新合作，村集体经营及其转化问题受到关注，经济与村社区继续保持紧密性，进行新农村建设等。通常，农业生活提供社区共同体的维系，非农化生活及对集体政治的不信任则被引导为损坏社区共同体。① 因此，前一方面变化总体上削减村庄作为社区经济共同体存在的必要性，后一方面变化则使村集体、村庄共同体得到维持、强化或转型，农业村落共同体由此继续扮演社区经济共同体单位，并替代或仍然部分替代国家实施农村公共物品与服务的供给，村庄仍然具有某种生命力。

就村庄与国家的关系变化的维度观察，改革 30 年间的变化大致上是村庄经历了行政化、半行政化、以村民自治为基础的共同治理三个阶段。行政化主要指在人民公社体制下，政府通过公社对村庄公共事务有直接决定权和优先决定权。这种行政关系并不总是单向的，它也使村庄、农民具有某种要求地方政府对村庄日常生活、命运负责的权利。半行政化则是指人民公社制度解体后出现的过渡性格局，主要时间在 20 世纪 80 年代初至 1998 年。村庄根据“村组法”（试行）应享有自治权，地方政府则常常习惯沿用行政化时期的办法干预村庄的生产、生活和公共事务，村庄也在一定程度上仍习惯性地接受干预。但是受政府财力、村组法规定等限制，村庄与农民的实际自治权在扩张，另一方面村庄公共供给方面受政府支持的力度也相应下降。共同治理则是村组法正式实施以后呈现出的国家与村庄关系的某种新趋势。这个时期从 1998 年延续至今，村庄与国家相互间的权利、义务关系趋向明确，各自的权力边界日益明晰，在村庄自主事务的范围也得到了国家法律和实践的尊重；与此同时，政府也趋向于承担村庄的公共物品供应、公共服务、社会安全网构建等方面的部分责任，把农民、农村重新纳入国家建设的议事日程。三个阶段的总体趋势，形

① Rute Caldeira，2008，“‘My Land，Your Social Transformation’：Conflicts within the Landless People Movement（MST），Rio de Janeiro，Brazil”. *Journal of Rural Studies* 24.

式上有利于行政村成为自治的农村社区政治共同体。但是，由于在地方政府与村庄的关系调整过程中，农民、农村始终处于关系弱端，村落作为自治的社区共同体的前景仍具有不确定性；由于自治的社区政治共同体究竟基于社群主义还是个人主义的选择不明晰，它究竟能否成长为公民社会的重要基础和重要部分，也存在着不确定性；甚至，由于行政村的撤并归的权力掌控在政府手中，村落作为自治的社区政治共同体有没有将来，还有待于国家对村庄存在的必要性作出清晰的总体定位。

就村庄与城市的关系观察，行政村作为社区共同体有没有确定的前景，一方面取决于国家在农村劳动力向城市转移的同时，是否同时发展乡村社区，另一方面取决于国家能否在解决城乡社区的经济社会不平等的基础上发展城乡社区衔接，既非消灭村庄，也非城乡隔离，而是建立一种有机联系城乡经济和城乡社区的衔接带。它在理论上是指：（1）在相对消极的意义上，承认城乡经济、城乡社区是有差别的，这种差别是普遍现象，而不是发展中国家所独有。（2）在积极的意义上，承认经过对农村社区基础设施的大幅度改善，确立城市和村庄之间的路、讯、人、货四畅通，可以达到城乡社区生活条件的基本均等；依然存在的村庄，主要是为依然存在的农业从业人员提供便利的社区条件，并且向城市中选择乡村生活的返郊、返村的人口开放；大城市、中小城市、小城镇、中心村和其他村庄等，形成一个经济上互为支持和补充、文化风格不同但是彼此平等、社区基本生活类型不同但品质差别并不悬殊的链接带，各自都是这个衔接带上不可替代的纽结点。[①] 改革中前期，国家整体上偏向于劳动力转移路径。2000 年以后，在统筹城市、改善农村社区生产生活条件方面的一系列政府举措，有利于触发城乡社区衔接带的议程。一个充满活力的城乡社区衔接带意味着村落共同体的重生，村落共同体的转型最终能否完成，需要以此为检验尺度。但是，国家目前对于这个路径的含义、

① 参见拙作《赋权、互动与认同——角色视角下的城郊农民市民化问题》，《社会学研究》2009 年第 4 期。

进程和前景并不清晰。

换句话说，如果把农村社会30年的变迁放在村庄与市场、与国家、与城市社会三重关系转变中考察，几乎可以说村庄正在经历从农业共同体到城乡社区衔接带之弱质自治社区的大转型，即（1）经济共同体转型——基于农业和农民半市场化、半受非市场化保护的政策环境，以及双层经营而农户经营实际上更受政策支持的经营环境，村庄从人民公社体制下的集体大队，转向具有不确定性的社区经济共同体。（2）治理共同体转型——基于村民自治的制度安排和地方性实践，村庄有可能从国家的基层治理单位转向国家与社会共同治理的单位。（3）村庄作为农民社区的转型——从传统农业社区有可能转向城乡社区衔接带的弱质端。以上转变究竟以何种形态实现，既取决于农村和农民对国家、市场、城市的态度，更取决于国家、市场、城市对农村的态度。从政策社会学的角度说，政府如果期望村落共同体在组织农村人口、增长经济方面长久而稳定地发挥作用，固然要帮助村庄担负起社区经济共同体、社区治理共同体的职责，更要帮助村庄朝着城乡社区衔接的方向建设，使村庄成长有一个明确的未来。①

中国的村落共同体正站在十字路口。依赖惯性继续向前滑可能行之不远；向左转，前景是确立城乡衔接，形成村落共同体与城市的联合体；向右转，则是听任市场力量分解村落共同体，一股脑儿驱使农民变成城市的劳动力商品。而政府在政策选择方面又何尝不是站在十字路口？在此意义上说，政策社会学有必要清楚地呈现以下两个基本判断。

第一，城乡和区域发展都将极其依赖于城乡之间的衔接，保障村落共同体与大社会、与城市社区形成联合体。1994年以来，这一政策主张已经受到联合国人类居住项目的持续倡议。2000年7月有1000个城市代表参加的城市未来全球大会，曾发表“关于城市未来的柏林宣言”②，强调重新认识城市与区域、城乡之间以及偏远地区

① 参见拙作《村庄大转型——浙江乡村社会的发育》，浙江大学出版社2008年版。

② D. Virchow & J. von Braun (eds.) 2001, *Villages in the Future*: *Crops*, *Jobs and Livelihood*. New York: Springer, pp. 367 - 368.

之间的相互依赖关系，倡言从城乡分离转向城乡合作，使村庄最终具备城市的品质，城市地区也呈现乡村的特质，促使城乡分离（rural-urban divide）越来越被区块（regional agglomeration）所取代，否则将不利于城市问题解决，不利于解决人口单向流向城市寻找工作机会而产生的问题，并且会使乡村地区在全球化过程中更加被边缘化——生活在这些村庄里的是被全球化经济排斥在外的老人、孩子以及那些缺乏城市工业与服务部门的职业技术者。[①] 从这些研究中应该认识到：中国的城乡衔接与区域发展的基础，是给农村社区提供充分有效的基础设施、服务，以及道路、运输、通信条件和其他公共物品，这是使村庄与城市消除传统区分的根本基础。在此意义上说，中国农村改革以来推动乡村的小型企业、发展乡村地区的非农职业固然是重要的，但是仅此并不够；着力发展农业和商品农业也是重要的，但是仅此也不够。国际粮食政策研究所专家万马丽所具体描绘的“乡村基础构造、经济活动与城乡连接的框架”，有助于表明城乡社区衔接、发展村庄共同体与社会的联合体所需的要素（图 2－1 所示）。

第二，依“过海比喻”，推进城乡社区衔接如造跨海大桥。这个工程的主体首先是政府，即城乡衔接需要政府积极干预，上述乡村基础建设虽然可以由政府和非政府提供，但是政府需要首先承担责任。积极的政府干预是必需的，因为减少干预或不干预就是一种干预。如研究者所批评的，1980 年以来第三世界国家在农业农村方面纷纷放弃凯恩斯主义经济学积极干预的立场和政策，退出对农村经济事务的调节、计划、供给输入，放弃为农村地区贫困人口积极提供福利。但是，这种新古典主义经济学家所呼吁、赞赏的转变，实际上意味着国家转而代表资本进行干预（例如以立法方式重新变更土地制度）。而资本在农村的积极干预，则到处引起农民的四种形式的反抗，包括反对原始积累、反对资本主义剥削、反对非资本主义镇压和资本所引起

① Yap Kioe Sheng & Radhika Savant Mohit 2001, “Employment and Migration in the Urban Future of Southeast Asia”. In D. Virchow, & J. von Braun (eds.), *Villages in the Future: Crops, Jobs and Livelihood*. New York: Springer.

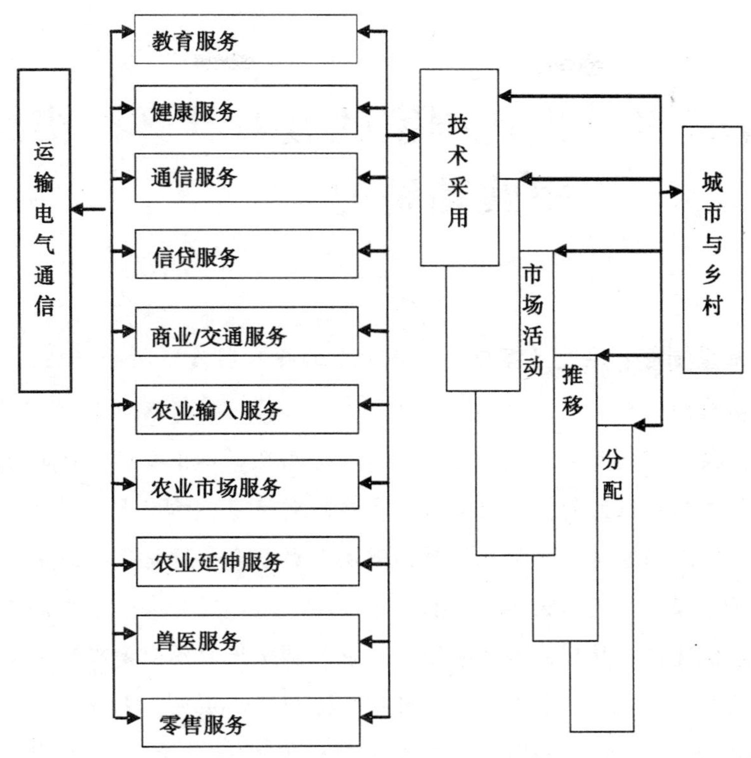

图 2-1　乡村基础构造、经济活动与城乡连接的框架

资料来源：Wanmali, 2001, "Urban-Rural Linkages in the Centoxt of Decentualized Rural Development." In Virchow, D. and J. von Braum (eds.), 2001. *Vallages in the Futute*: *Crops*, *Jobs and Livelihood* New York: Springer.

的生态条件、反对民主国家对资本的运用，等等，结果又导致新自由主义国家要求一个干预性的国家去应对这些问题。① 就中国的农村社区共同体的发展而言，如果国家不能明确地告别新古典主义经济学的立场，沿着推进城乡衔接的路径和方向，转而用加强农村基础建设、以服务为中心介入农村社区发展，那么就很难避免加快城市化与建设新农村两大国家战略之间出现断裂，新农村建设也很难避免迷失方向与前景。

① Raju J. Das, 2007, " Introduction: Peasant, State and Class". *The Journal of Peasant Studies* 34 (3—4) (July/October).

第三章　发达国家的城乡社区衔接的实践和研究

本章提要：在发达国家，市场力量的导入引发乡村的产业、人口、社会结构的变化，一方面出现了传统农业衰落、乡村人口外流、乡村公共服务集中化的趋势，另一方面新乡村运动又预示了乡村社区的存续和发展。乡村社区的转型与存续取决于政府对待乡村的态度，乡村社区复兴一般都是国家迫近并把社区作为解决乡村社会问题路径的结果。而在学术研究领域，英语世界中乡村社会学与乡村研究并未消失或停滞，在研究单位选择、转型的本质问题、共性和特殊性以及欧美经验适用性等方面提供了重要的思考价值；根据 *Rural Sociology*、*Journal of Rural Studies*、*Sociologia Ruralis* 三种英文期刊最近 30 多年发表的文献，乡村社会研究大体经历了从现代主义到新乡村社会学、再到乡村研究文化转向的流变，除了各类具体论题外，围绕何谓乡村而形成的实体论与建构论，围绕什么是乡村转型而提出的生产主义与后生产主义的辩论，以及关于农村和农村研究的去农业化、去社区化的争议，都值得注意。

在全球范围内，市场经济大规模导入传统乡村总是会引起乡村的传统农业结构、社区人口数量及结构的震荡性变化。一个政府如何估量、对待这些变化，要不要和能不能通过有效的公共政策既推动农业现代化并且缩小城乡差别，又减少对乡村社会的过度侵蚀，这一直是个严峻的问题。本章讨论一些发达国家和地区在这方面的实践和研究。

第一节　走向城乡社区衔接的乡村

加拿大和美国都是由殖民者在新大陆建立的资本主义国家，在工业化和城市化进程中，其乡村变迁的线条也相对比较清晰，阶段性特征比较明确。例如在加拿大，其农业经济和乡村社会大体经历过四个阶段的变化。第一阶段是前工业化时期（16 世纪至 19 世纪中期），加拿大作为欧洲移民的殖民地受到英国重商主义的影响，农业发展主要是为欧洲国家的工业化提供原材料，例如鱼类、毛皮和木材等大宗产品；19 世纪初西部的小麦逐渐成为英属北美殖民地新的大宗出口产品。第二个阶段是工业化初期（19 世纪中期至 19 世纪末），技术和交通的改善带来农业生产能力提高，到 1900 年第一产业在国民生产总值中的比重仍占 1/3 以上。第三个阶段是大规模工业化时期（20 世纪初至第一次世界大战），农业受科技进步的推动与国际市场需求的刺激而迅速发展，农业的商业化程度继续提高，毛皮、渔业产品、木材、小麦、葡萄、烟草等都成为重要的出口商品。第四个时期（第一次世界大战以来）是农业相对衰落时期，随着海外农产品价格的大幅度下跌，农业在加拿大国民生产总值中的比重逐步下降，至 1960 年只占 9.6%。[①] 在上述四个阶段，农村人口分布与构成发生了相应变化。特别是随着 20 世纪以来农业机械化水平和农业劳动生产率的提高，乡村大量人口流向城市，城市人口从 1921 年开始超过乡村人口，虽然 20 世纪七八十年代出现过人口返郊化，有许多非农业人口回到乡村居住，然而到 2006 年也只有 660 万人口居住在乡村与小城镇，不到全国总人口的 1/5。[②] 在上述进程中，加拿大同时出现了两个对立的趋势。一方面，加拿大传统乡村社会受到侵蚀，造成了传统农业衰落、乡村人口外流以及乡村公共服务集中化，乡村社区出现凋

---

① 洪邮生：《加拿大——追寻主权和民族特性》，四川人民出版社 2003 年版，第 124—226 页。

② 加拿大统计局于 1931 年首次将农业人口作为一个独立的部分计算，其中依靠农场生活的乡村人口被划分为乡村农业人口，其他则被划分为乡村非农业人口。这里的农场指的是普查意义上的农场，每个农场都是根据商品或商品组占总收入潜力的 50% 及以上来划分的。农场的类型是以北美产业分类体制（NAICS）农业分类范畴为基础。虽然 NAICS 定期修改，但加拿大农业分类仍然不变，以便两个统计年份之间能够进行比较。参见 Statistics Canada，2006，“Portrait of the Canadian Population in 2006”. 2006 *Census Population and Dwelling Counts*. 2006 Census.

敝的倾向。另一方面，由于现代家庭农业的发展、人口返郊化以及政府对农业和乡村的重视与投入，乡村社区又出现复兴倾向。

一 农业工厂化与生产主义乡村危机

众所周知，19世纪以来的现代化进程主要表现为整个社会的工业化、城市化、理性化过程，对传统农业、农村和共同体生活的存在和延续形成了巨大的威胁。尽管基于农业对于人类生存安全的重要意义，各国对农业基本上实行保护或半保护态度，但在现代逻辑的刺激下，农业被逐步地修改为一个促进、扩张粮食生产最大化的产业。

通常，市场化条件下农业发展是以市场效率为导向，着眼于农业技术改善、农业工厂化与市场化水平的提高。就加拿大而言，现代农业发展主要沿循工业化生产模式和商业化购销途径，依赖优势技术逐步扩大农场规模。其进程是：随着农业专业化的深入发展，农场雇佣劳动力渐次代替家庭劳动力；农业现代化提高了农业与地区、全国乃至全球的农产品市场的联系，从而使现代农业生产成为全球农业分工的一个部分或一个环节，进而出现以劳动力与资本投入回报的最大化为导向的现代农场；资本密集、劳动生产率高的大农场取代了劳动力密集、靠家庭成员从事农业生产的小型家庭农场，机械化农业耕作代替了传统农业活动；农场规模和农业经营范围的扩大使得农场逐渐与商业以及市场导向的农业企业之间联系的增加，农业生产效率以及农场利润率的提高，成为农业专业化的主要激励机制；同时，现代市场结构也有助于农产品的集中以及在全国和国际市场上的销售，最后形成了以大型农业企业或企业集团参与市场竞争和利润分配。[①] 这个进程完全改变了加拿大传统农场基本上是糊口经营的性质；[②] 其中，市场关系对家庭农场领域的渗透成为乡村地区经济和社会变迁最重要的

① S. Dasgupta, 2001, *Rural Canada: Rural Sociological Perspectives*. Lewiston. Queenston, Lampeter: The Mellen Press, pp. 63 –66.

② 即绝大多数农产品被农业家庭所消费，极少量的农产品被用于交换其他物品；农场都是小规模的“家庭农场”，所有的农场管理、农业资本和劳动力都是由农业家庭负责，等等。

因素。[①]

从英国的情况看，生产主义不但是农业的计划命运，而且还渗透到乡村生活的每一个角落，以及被认为是1945—1980年的英国乡村性的简写，[②] 即生产主义乡村。然而，20世纪90年代之后，发达世界越来越强烈的生产主义逻辑和行为，导致了无论生产性农业还是生产主义乡村均遭遇了致命的危机，主要表现为：首先，农产品生产过剩。这一情况的产生主要由农业生产体系的两个方面推动的，第一，福特主义下的农业生产，采用工业化的标准和技术，大大加快了农业生产率，缩短了农业生产过程；第二，全球化食品体系的建立，包括农业政策的去规制化、农产品的日益市场化和全球流通网络的建立。这两方面共同作用，导致了农产品供给持续增加，以及同步出现的全球粮食价格的下跌，从而引发了著名的“国际性农场危机”[③]。其次，乡村环境恶化，生产主义对农村生态环境产生负面影响，如农药、化肥等现代技术对农村环境的破坏，造成农村土壤、气候、农产品质量的恶化。再次，由乡村人口持续减少引发系列社会后果。前两个现象加剧导致了乡村社会结构的变迁，乡村空心化，即农村人口不断外流以及引发的乡村人口老龄化、乡村公共生活的衰败等。农业人口不断外流引发了更深层次农场危机以及边缘化，农村公共设施和福利的不断减少，农村商业企业的倒闭、转型以及农村家庭结构与生产策略的调整。

简言之，现代化的生产主义以及农业的全球化发展，导致了农业生产过剩、乡村环境恶化、农场劳动力不断减少、乡村福利的下降和农村家庭行动策略的调整。而且，这些问题又促使乡村决策者、实际管理者和评论者开始整合乡村发展的各种观点，由此慢慢地浮现了乡

---

① H. P. Diaz, J. Jaffe & R. Stirling (eds.), 2003, *Farm Communities at the Crossroads: Challenge and Resistance*. Regina: Canadian Plains Research Center.

② K. Halfacree, 2006, "From dropping out to leading on? British counter-cultural back-to-the-land in a changing rurality". *Progress in Human Geography* 30 (3).

③ O. Wilson, 1995, "Rural Restructuring and Agriculture-Rural Economy Linkages: A New Zealand Study". *Journal of Rural Studies* 11 (4).

村（农业）后生产主义转型的观念。①

二 城市化进程中乡村未必终结

在工业发达国家，现代农业发展提高了农业生产率，减少了农业领域所需要的劳动力，因此也促成了乡村剩余劳动力的转移，并导致了乡村社区②与所居住的人口之间关系的变化。西方国家现代化的主要经验就是走大规模城市化的道路，到20世纪90年代初的英美等国家，城市化率普遍达到80%左右。

城市化对加拿大乡村地区的影响是显在的，它不仅仅体现在乡村人口大量迁往城市，而且体现为乡村人口的结构变化。③ 首先，乡村地区年轻人的比重只占27.7%，比都市地区低8个百分点。乡村社区年轻人经常在20岁左右就去城市求学、找工作，甚至移居国外，因此，乡村地区老龄人口比例较大而且人口老龄化速度较快，并使乡村地区在满足年龄更大的人口、公共服务需求方面面临一些挑战。其次，乡村如今不再等同于农业区域，1931年乡村人口中有67%从事

① ［美］布莱恩·罗伯茨·安苗：《城市化、分权与农村生活的重组》，《中国农业大学学报》2008年第1期。

② 虽然加拿大与欧洲有着大量的相似性，但是社区的概念却受到联邦制和北美国家殖民的影响。社区这个词通常指土著人口和乡村地区。从地理位置上说，加拿大的社区指偏远的地区，多数在Manitoba，Saskachewan和Northern Territories。在人口统计层面上，加拿大统计局将人口低于1000人，人口密度每平方千米低于400人的不连续区域界定为乡村社区。乡村就是非都市地区，乡村社区是以邻里、村庄、镇、城乡结合部、郊区等地域群体为单位。乡村邻里规模小，所提供的服务少而简单，主要是以成员家庭之间的亲密社会交流为特征，它一般围绕单间教室学校、教堂、小商店等组成。村庄与镇是典型的“贸易中心”，主要居住的是商人、店主和专业人士等非农业人口。农业人口分散生活在彼此相距较远的农场上。他们的这种“散居模式”对有些农业活动具有经济优势，但它也造成社区居民的团结与认同感比核心农业村庄低。镇是以贸易中心与周围广阔农村的相互依赖为基础，政府建立村庄与镇旨在给散居的农民提供交通、运输、贸易和工业服务。城乡结合部和郊区是城乡的缓冲地带。

③ F. Dahms & J. McComb，1999，“‘Counterurbanization’，Interaction and Functional Change in a Rural Amenity Area：a Canadian Example”. *Journal of Rural Studies*15（2）.

农业，到 2001 年下降为 11%，多数乡村人口已经不再从事农业，[①]或者说，那些留在乡村地区的农民很多并非只依靠农业生活。

然而，农业经营方式的变化和城市化虽然导致农业人口的下降，但是 20 世纪七八十年代许多乡村地区却表现出明显的人口增长，表现出农业发展与乡村人口变化之间的联系日益分离。那些已经完成现代化改造的国家也不得不承认，大规模城市化并不意味着完全、彻底的城市化，乡村仍旧存在，并发挥着重要的生产生活功能。人口返郊化是造成了乡村人口增长的直接原因。[②] 在美国，一个非常有意思的现象就是，随着城市化的推进，逆城市化的步伐也开始加快。从 70 年代开始，整个社会进入了非都市人口加速发展和大都市区人口减少的阶段，对此，少数学者甚至乐观地认为这预示着美国城市时代的结束，美国人口的分布模式由城市化转向逆城市化乃至乡村化。[③] 尽管这一乐观估计没有真正地发生，如 1990 年大都市区人口占美国总人口数的比例为 79.7%，1996 年则这一比例又上升到了 79.8%，[④] 城市化仍旧是一种主流的趋势。但不可否认的一点就是，与之前相比，美国城市化的速度大大放慢了。这意味着，有部分美国人仍旧生活在乡村，从事和农业相关的工作，如在俄勒冈州和华盛顿州，农业就业人口占总就业人口的比例分别为 31% 和 13.3%。[⑤] 这一点在其他国家

---

① 这里的统计数据不包括育空地区、西北地区及努纳武特地区。参见 R. D. Bollman & H. A. "Clemenson, Structure and Change in Canada's Rural Demography: An Update to 2006 with Provincial Detail". *Statistics Canda.* 2008。

② S. Paquette & G. Domon, 2003, "Changing Ruralities, Changing Landscapes: Exploring Social Re-composition Using a Multi-scale Approach". *Journal of Rural Studies*19.

③ 详细论述可参考 Brian J. L. Berry (ed.), 1976, *Urbanization and Counterurbanization.* London；也可以参考孙群郎《20 世纪 70 年代美国的"逆城市化"现象及其实质》，《世界历史》2005 年第 1 期。

④ 美国商业部人口普查局：《美国统计摘要：1998 年》，第 39 页。

⑤ 美国 2000 年人口普查来看，5500 万人仍旧居住在农村地区，占美国总人口的 1/5。2010 年的人口普查显示，农村人口的比例降至 16%。人口普查中的"农村"指非大都市区、人口少于 5 万的地区。参见 Ghost towns on the increase as rural America accounts for just 16% of population, http://www.dailymail.co.uk/news/article-2019771/Ghost-towns-increase-rural-America-accounts-just-16-population.html，2011 年 7 月 28 日。

经验中也可以得以说明，比如英国规定1万人以下聚居区居民属农村人口，按照这个标准，直到1995年英国仍旧有25%的就业是在乡村地区，从事与农业相关的产业。英格兰截至2010年年底农村人口数仍有950万，占总人口的19.3%①。另外，常常被忽视的一点就是，生活在乡村的农民也要间接地通过家庭消费来贡献整个社会经济的增长。

人们从城市搬到乡村的原因有很多：住房便宜、环境宜人，而且可以从事园艺或小规模农业作为业余爱好。麦肯（Machum）在对布伦斯威克（Brunswick）的研究中发现，乡村社区良好的自然和生活环境迎来了体验和享受乡村生活的城市居民，这在一定程度上刺激了乡村社区徒步旅行、农舍出租和探险等旅游产业的发展。② 帕奎蒂（Paquette）和道蒙（Domon）在对魁北克南部乡村地区的研究则发现，农业变迁在地理和社会空间上都有很大差异。在此过程中农业增强与衰退的两种趋势并存；在城乡结合部或郊区这样的“准城市”，居民多为年轻人，居民具有社会职业多样性与高收入的特征，准城市的乡村社区在人口密度、社会职业结构和住宅土地价值的重要性等方面，没有表现出从低到高的连续谱特征。这类研究大致说明，在后工业经济时代，加拿大乡村地区不再仅仅是原材料生产地，多数情况下成为大量乡村或城市的工人与退休人员的生活场所。③ 显然，即使是发达国家，农民以及农业人口仍旧是整个社会的重要组成部分，乡村人口及乡村地区的存在是社会发展中不容忽视的一个事实。长期以来流行的“现代化会主动终结、消解乡村”的所谓必然逻辑实际上需

---

① 英国：《不断完善基础设施和公共服务》，《经济日报》2011年7月16日。

② S. Machum, 2005, “The Persistence of Family Farming in the Wake of Agribusiness: A New Brunswick, Canada Case Study”. *Journal of Comparative Family Studies* 36（3）.

③ 在1961—1991年间，魁北克南部乡村地区农业人口的比例下降了2/3，每平方千米农民数量下降了一半。他们的研究证明，在农业社区内，第一产业劳动力只占职业人口的28%，2/3的就业人口依靠非农业收入。参见S. Paquette & G. Domon, 1999, “Agricultural Trajectories（1961—1991）, Resulting Agricultural Profiles and Current Socio-demographic Profiles of Rural Communities in Southern Quebec（Canada）: A Typological Outline”. *Journal of Rural Studies* 15（3）。

要修改，而承认乡村的价值和意义，并积极地引导乡村的发展则可以成为发达国家发展策略的一种新选择，乡村变迁研究也因此要寻求新的研究视角。

三　作为乡村生产和生活单位的社区存续

客观说来，市场力量总是敌视传统乡村及其共同体的，在整个农业工厂化和乡村城市化的进程中，发达国家的农业占国民经济的比重小，乡村人口少，而且乡村农业人口更少，乡村社区的存在必要性似乎不大。但乡村社区仍然是乡村居民生产和生活的场所，且长期发挥重要的组织、依托功能。一方面，家庭农场作为一种价值观和生活方式、作为乡村农业发展多样性的另一选择，也被着力保存了下来。另一方面，人口返郊化，以及滞留于乡村的人口和家庭，① 也提出了乡村社区存续和发展的要求。此外，乡村社区的命运也依赖农民对待农业和农村的态度，农民的防止市场过度侵蚀，甚或是反市场的理性行动，也会在一定程度上起到维系乡村社区，或促使乡村转型的作用。

从实际情况看，加拿大的家庭农场并没有被现代大型农场所完全取代，它本身也逐渐通过吸收现代资本主义的资金、技术和管理模式而保存下来。传统家庭主要依赖农场收入和自给自足，现代家庭农场的大多数消费品和服务则从农场外部购入，甚至食品也有许多是从农场外购得。现代家庭农场在组织形式上也呈现伙伴关系和组成公司的趋势。基于这种情况，麦肯甚至对现代资本主义农业模式比传统农业模式优越的假设提出质疑。他发现在加拿大大西洋沿岸经济萧条地区，在缺乏资源和发展机会的情况下也实现了家庭农场经营现代化；家庭农场作为农业多样化的一种形式，是人们积极作出选择与决策来

① 乡村社区学费的增长，教育和其他公共服务的集中供应，外出成本的提高，都导致一部分劳动力不得不滞留在农村。公共服务的扩展所带来的低工资、低技能的就业机会，则给滞留在农村的劳动力提供了就业机会。参见 M. Corbett，2005，“Rural Education and Out-Migration：The Case of a Coastal Community”. *Canadian Journal of Education* 28（1&2）。

延续乡村地区的某种特殊的生活方式。① 纽曼（Neumann）等人的研究也表明，许多农场主仍然认为家庭农业是有着巨大影响的乡村标志与传统价值的体现。② 斯密塞斯（Smithers）和约翰逊（Johnson）则通过对加拿大农业最集中的安大略省北休伦郡家庭农场的调查，指出北休伦郡有许多农场主虽然努力扩大和增强农场，但是相当多的家庭农场主没有停留在对当代家庭农业本质的简单兴趣上，他们更多地关心可持续性发展以及家庭农业如何“适应”当代乡村社会，这使得家庭农业日益成为农业多样化的另一选择。③ 这些研究印证了加拿大的传统家庭农场在取得了现代经营形式后，仍然保留着在乡村社区文化层面的价值与意义，代表了乡村特质在变迁中的保存，有利于乡村社区的存续。

乡村社区仍然是人们生活的重要场所。按照汤姆逊（Thomson）和米彻尔（Mitchell）的研究，都市周围的乡村存在三类活动模式：具有纯粹城市背景的人们，社会与经济需求与城市的联系更紧密；具有纯粹乡村背景的人们，与乡村社区内的邻居有更多联系，并且更可能支持本地商业；居于两种类型之间的人们，与城市保持着就业联系，而在购物、就业或社会需要方面则把注意力转移到乡村社区。④ 事实上，加拿大虽然有许多农场通过与农业商业的纵向联系而逐步退出对社区的依赖，但是仍然有些农业家庭主要依赖在村庄或镇上获得就业、受教育和社会交流的机会。⑤ 这种依赖性使乡村社区成为一些农业家庭工作、学习和社会生活的主要场所。艾丽西娅（Alasia）等

---

① S. Machum, 2005, “The Persistence of Family Farming in the Wake of Agribusiness: A New Brunswick, Canada Case Study”. *Journal of Comparative Family Studies* 36 (3).

② P. Neumann, D. H. J. Krahn, N. T. Krogman & B. R. Thomas, 2007, “‘My Grandfather Would Roll Over in His Grave’: Family Farming and Tree Plantations on Farmland”, *Rural Sociology* 72 (1).

③ J. Smithers & P. Johnson, 2004, “The Dynamics of Family Farming in North Huron County, Ontario (Part I. Development Trajectories)”, *Canadian Geographer* 48 (2).

④ M. L. Thomson & C. J. A. Mitchell, 1998, “Residents of the Urban Field: A Study of Wilmot Township, Ontario, Canada”, *Journal of Rural Studies* 14 (2).

⑤ J. Smithers, P. Johnson & A. Joseph, 2004, “The Dynamics of Family Farming in North Huron County, Ontario (Part II Farm-Community Interactions)”, *Canadian Geographer* 48 (2).

人研究发现，虽然城市中心非农业劳动就业机会是乡村收入全面增长的引擎，但是农场经营者的非农业收入更容易受到其所在社区的劳动力市场政策措施的影响。[①] 格林（Green）和迈耶特（Meyert）的研究则表明，虽然从乡村到城市就业人口远大于从城市到乡村就业的人口，但是许多乡村非农产业是乡村经济发展的重要动力，农业、渔业和捕猎业通常吸收本社区劳动力，而那些初级金属业、木材和林业、矿业则从其他乡村社区吸收劳动力。[②] 斯密塞斯等人的研究也证明，农场主依赖乡镇为他们提供农用物资、金融与保险服务以及家庭日用品，还依赖乡镇提供的非农就业机会增加家庭收入。[③] 这些研究不仅表明了乡村农业人口与乡村社区在生产、生活上的依赖关系，也间接说明了加拿大乡村社区复兴的内生需要和动力之所在。

在发达国家，农民在乡村变迁过程中的行动选择，也是政府公共政策之外影响乡村兴衰的另一个要素。在加拿大，现代农业发展造成了多数农民无法适应迅速变化的农业技术与市场，特别是由于缺乏必要的资源与资本，单个农民在应对农业市场化的过程中处于明显的弱势地位。但当地农民主要通过建立合作社[④]、信贷联合会、商品组织

---

① Alasia 等人利用的是加拿大 2001 年全国农业普查及人口普查数据考察了农场经营者非农业劳动的决定因素。参见 A. Alasia，A. Weersink，R. D. Bollman and J. Cranfield，2009，"Off-farm Labor Decision of Canadian Farm Operators：Urbanization Effects and Rural Labor Market Linkages"，*Journal of Rural Studies* 25。

② M. B. Green & S. P. Meyert，1997，"An Overview of Commuting in Canada with Special Emphasis on Rural Commuting and Employment"，*Journal of Rural Studies* 13（2）.

③ 参见 J. Smithers，A. E. Joseph & M. Armstrong，2005，"Across the Divide（?）：Reconciling Farm and Town Views of Agriculture-Community Linkages"，*Journal of Rural Studies* 21。（当然，也有批评者认为人口返郊化一方面反映了乡村作为居住地选择的吸引力，另一方面也体现了城市化在乡村中的延伸以及城市价值观对乡村土地使用模式的入侵）

④ 加拿大农民合作社根据职能可以分为六种主要类型：消费合作社（利用最新技术销售农产品）、供应合作社（为成员提供所需的农资：化肥农药、动物饲料、农场机械、种子等）、生产合作社（饲养、放牧、农业机械等）、服务合作社（住房、儿童照顾、卫生保健、供水、乡村供气和供电等）、渔业合作社（拓展海外市场）和消费者合作社（小型采购俱乐部、大型超市零售商与批发商）。参见 S. Dasgupta，2001，*Rural Canada：Rural Sociological Perspectives*. Lewiston，Queenston，Lampeter：The Mellen Press，p. 123。

和农民组织来提高自己在市场中的谈判地位，开展与政府合作，维持家庭农场并阻止乡村人口减少以及乡村社区瓦解。大量存在的规模较小、技术并不先进的农场经营者，不是思想落后，不是反对进步，主要是试图使家庭农业成为规避风险、提高环境和家庭可持续发展的重要途径。在这个意义上说，这些农民也是理性行动者，是因为考虑到市场风险、本地市场需求、家庭农场的社会与文化价值、自身的教育程度与技能水平等因素，在乡村社区中选择了恰当的生产与生活模式。从客观上说，这种理性选择既是符合这部分农民的利益算计，也保存了传统乡村社会部分文化价值。

四 新乡村运动带来的新乡村

莫尼（Mooney）曾说，“我们或许希望找到乡村社会的未来，如果有这样的未来，会在社会运动的领域中”[①]，事实上也是如此。近几年，发达国家的乡村问题已经成为最前端的政治问题和社会运动的关注对象。农业改革和收入水平，打猎和田野运动的合法性，住房和道路发展以及乡村服务的未来，被认为是生活方式和乡村文化的传统要素正在遭遇威胁的各种争论，引起了乡村保护和运动这股新浪潮。[②]也就是说，新乡村运动正在以一种乡村保护的新方式在发达世界中出现，这种新模式既由“保护乡村（乡村经济、乡村景观或乡村生活方式）免于外部危险”的要求推动，也由乡村空间的意义、使用和规制的矛盾所推动。比如英国著名的“The Land is Ours”运动主张是：土地是用来居住的，除工业化用地之外需用来为社会提供住房；土地是用来生存的，要阻止集约农业对住处和景观的破坏，重新规划小规模、高就业、低消费的土地利用，例如有机的小规模拥有；土地是用来生活的，保护和改造小镇和乡村的公共空间，提升对乡村未开

① P. H. Mooney, 2000, “Specifying the ‘rural’ in social movement theory”. *Polish Sociological Review* 1.

② M. Woods, 2003, “Deconstructing rural protest: the emergence of a new social movement”. *Journal of Rural Studies* 19 (3).

发土地的使用权利。哈尔法克里（Halfacree）称这场运动为激进的乡村运动，其特点是拒绝私有财产神圣不可侵犯，强调更少资本主义色彩的生活方式和日常生活优先；同时，它也代表着一种打破城乡二元分离的观念，这不仅对乡村来说是适合的，对城市同样如此。① 不过，总体来看，西方发达国家的新乡村运动仍还是“无计划延伸的、混乱的、模糊的以及常常是自相矛盾的”，没有“核心的领导，没有综合的意识形态或哲学，没有稳定的成员，没有一致的项目或愿望和内部交流以及协调的机制”。

尽管多数研究关注到的新乡村运动主要出现在英国、法国和美国，但新乡村运动的主张则是在全球范围内运转的。② 比如，高拉克（Gorlach）以东欧社会乡村社区、乡村文化、动物权利以及自然环境的保护为案例，来说明东欧滞后的现代化并没有阻止类似一种新乡村运动的集体创新的出现和实现。而且，近期波兰、匈牙利和捷克共和国整合进欧盟或许会通过网络和欧盟乡村政策的共同性加速这类运动的发展。③

在反思生产主义乡村发展模式的基础上，发达国家开始重新寻求乡村的价值、功能，重点在于探索乡村地区的消费角色和潜在的多样化发展路径。首先，从乡村经济变迁的角度来看，一方面，乡村出现了明显的农业去中心化的发展趋势，包括农业就业重要性的不断下降，粮食生产在农业中的次要位置，以及农场生产在整个家庭收入中的影响的下降。另一方面，农民经济活动的日益多样化和不确定性，包括新工厂、新企业在乡村的建立，农业食品质量的重要性逐渐上升

---

① K. Halfacree, 1999, “A new space or spatial effacement? alternative futures for the post-productivist countryside”. In N. Walford, 1999, *Reshaping the countryside: perceptions and processes of rural change.* London: Cambridge, p. 68.

② 这个概念比较早的使用，可以参考 F. A. Araghi, 1995, “Global Depeasantization: 1945—1990”. *The Sociological Quarterly* 36 (2)；最近的讨论也可以参考阅读 H. Maria, 2011, “The Polish Countryside in the Process of Transformation 1989—2000”. *Polish Sociological Review* 173 (1)。

③ K. Gorlach, 2008, “Agriculture, communities and new social movements: East European ruralities in the process of restructuring”. *Journal of Rural Studies* 24 (2).

等。其中特别明显的一个趋势就是，乡村空间的新使用方式的出现，包括零售、旅游、休闲和环境保护。[①] 人们开始发现逐渐消逝的乡村空间与自然资源，却也使得乡村社会对于休闲产业发展的重要性与日俱增。人们借由到乡村地区从事游憩与旅游活动，以获得放松、娱乐和恢复身心的休闲效益；而乡村地区亦透过休闲旅游产业的发展，借以重构与支撑当地经济和社会的转型。[②]

其次，乡村经济社会变迁带来了更深层次的变化，包括环境主义、新乡村需求以及农业政策的去规制化、自由贸易等。随着全球化市场经济的发展，带来了包括个人主义、经济、技术变迁和范围的不断扩大，所有这些变迁进而对乡村产生了至少四个方面的新需求：高品质的食物生产、美好宁静的公共空间、居住的土地、环境保护。[③] 在这些新社会需求的推动下，乡村社会结构出现了变化，包括乡村地区服务阶层在人口化以及某些乡村的人口，特别是年轻人的流出。我们在讨论英国乡村究竟发生了什么变迁时，一个重要的主题就是“中产阶级对乡村发展产生了什么样的影响，如何使得乡村地区成为一个中产阶级地带，而把贫穷人排除出去，这就是乡村的转型（至少目前保守党控制的郡议会情况是这样的）”[④]。与此同时，美国等乡村地区日益增多的“鬼镇”，则意味着人口，特别是年轻人的离去是一个不争的事实。

最后，这些被重新定义的乡村或者说新乡村形态，在乡村研究中被概括为一些抽象的概念：工业企业乡村、城市化乡村[⑤]、符号

① T. Marsden, 1999, “Rural Futures: The Consumption Countryside and its Regulation”. *Sociologia Ruralis* 39 (4).

② 王俊豪、周梦娴：《乡村性、乡村发展与乡村旅游关系再检视》，《农业推广文汇》2006 年第 51 辑。

③ T. Marsden, 1998, “New Rural Territories: Regulating the Differentiated Rural Spaces”. *Journal of Rural Studies* 14 (1).

④ J. Murdoch, T. Marsden, 1994, *Reconstituting Rurality: Class, Community and Power in the Development Process*. London: UCL Press.

⑤ S. Wright, 1992, “Image and Analysis: New Directions in Community Studies”. In: Short, B. (ed.), *The English Rural Community: Image and Analysis*. Cambridge: Cambridge University Press.

乡村[①]、中产阶级乡村[②]、消费乡村[③]、殖民乡村[④]等。其中，对于如此复杂的乡村变迁过程，最流行的解释就是把诸如此类的新乡村形态统统打包，装进“后生产主义乡村”概念中。这个概念是对一些零散和分化的乡村作出更具实际形式的乡村类型：把乡村分成超生产主义、消费田园、退隐乡村性及激进观的空间想象形式。[⑤] 这些讨论更为深远的影响则是，不少文献在此基础上直接建立起一种乐观的判断，即发达国家乡村已经实现从生产主义乡村到后生产主义乡村转型。

第二节　国家对待乡村的态度

传统乡村社区本来是相对独立的经济、社会、文化实体，市场化推进会直接导致现代农业的发展，同时也会导入使乡村社会衰落的因素。但是，政府的干预会影响这些进程，政府对待乡村的态度很大程度上决定着乡村社区的转型与存续。

一　国家与乡村关系类型

对于发达国家来说，乡村社区一般都是国家迫近后、作为以社区解决乡村社会问题的路径而存在的。由于各个国家和地区的国家与社会关系的传统不一样，乡村社区呈现出自治型、政府主导型和混合型

① K. Halfacree, 1993, “Locality and Social Representation: Space, Discourse and Alternative: Definitions of the Rural”. *Journal of Rural Studies* 9 (1).

② K. Hoggart, 1997, “The Middle Classes in Rural England, 1971 - 1991”. *Journal of Rural Studies* 13 (3).

③ T. Marsden, 1995, “Beyond Agriculture? Regulating the New Rural Spaces”. *Journal of Rural Studies* 11 (3).

④ S. Shubin, 2006, “The Changing Nature of Rurality and Rural Studies in Russia”. *Journal of Rural Studies*22 (4).

⑤ 萧崑杉：《未来乡村的论述》，《农业推广文汇》2008年第53辑。类似的讨论还有哈尔法克里的“激进的乡村”和批判性的农业企业“超生产”空间和反城市化的“乡村田园诗”空间。

三种模式。

在自治型乡村社区治理中，政府的主要职能是通过制定各种法律法规协调社区利益主体之间的关系，并为社区成员的政治参与提供制度保障。美国是自治型乡村社区治理模式的典型代表。美国是一个实行高度地方自治的国家，乡村自治在整个地方自治的体系中占有重要的位置。乡村自治制度是美国农村社区管理的基础。美国农村社区通常指的是人口在2500人以下的农村居民点。村民委员会是美国乡村自治的权力机构，拥有乡村自治、乡村发展的重大决策权，同时还享有一定的立法权限。在美国，乡村社区并不是一种基层行政单位，跟地方政府没有上下级关系。这种自治性的立法权不受联邦及各州政府的干预。在社区发展和管理方面，基本模式都体现为“政府负责规划指导和资金扶持，乡村社区组织负责具体实施”。由乡村居民选举产生的社区组织和非营利组织负责社区的具体事务，政府只负责宏观调控。在日常生活中，乡村的社区委员会、社会工作者、非营利组织、社区居民和志愿者积极参与社区服务的供应、社区的治理等工作。一般来说，政府将乡村社区服务外包给社区非营利性组织，并对其提供服务的标准和效果进行考核、评估和监控，以督促非营利组织提高社区服务供应水平。同时，乡村社区企业为居民提供商业化的服务，有时也提供一些公益服务。当然，并不由此表明，联邦政府及州政府对村民委员会没有管理权。在美国的很多州，均以宪法或法律的形式对乡村自治制度进行了规范。公共权力机构在乡村社区治理中的作用只是局限于辅助性的协助。政府基本上不直接干预乡村社区内部公共事务。所以，美国乡村社区治理主要不是依赖于政府行为，而是依赖于乡村社区居民、公共服务企业以及公共服务组织的自由和平等的参与。美国乡村自治的核心是村民委员会动员与鼓励社区居民积极参与社区事务管理，充分发挥居民自我管理、自我服务的社区自治功能。政府通过各种财政、税收等相关手段与政策来推动一些与农村社区相关的生产、生活项目，由此来带动农村社区经济的发展，同时负责农村社区相关的公益设施建设，满足居民的精神与文化需求。在法律法规制定上，联邦及州政府一般只负责制定乡村自治以及涉农投资、开发、信贷等方面的法律法规，涉及农村社区管理与发展具体事务的法律法规均由村民委员会制定。由此表明，美国的农村社区管理基本上处于一种社区与居民自治的模式，在这种模式下，社区、村民是社区管理的主体，拥有决定社区发展的绝大部分权力，在自治管理过程中，其权力不受联邦及各级政府的干预，村治机构无须对政府负责，只需对社区全体村民负责。政府在管理过程中是起辅助与指导作用，不参与社区事务的直接管理，各级行政权力也无法延伸到农村。美国的这种自治模式给农村社区的发展提供了较大的自由空间，也充分调动了居民参与社区管理的积极性。但这种管理模式，对地方自治的要求比较高，需要各种完善的公共制度来支撑。

在政府主导型乡村社区治理中，政府直接进入乡村社区开展社区建设和管理，并主导乡村社区事务。同时，政府也鼓励社区非营利组织积极参与乡村社区建设与管理，并力图实现与社会组织良性互补，共同推动乡村社区发展。政府主导型乡村社区治理模式是以新加坡为代表。新加坡是一个移民国家，同时也是一个城市化程度很高的国家。由于国家在城市社区中是以政府主导的模式开展社区治理，于是也就将此方式也应用于乡村治理中。1965 年新加坡建国后，为了消除种族隔阂，实现社会稳定，开始着手发展组屋社区计划。新加坡人多地少，为了充分利用空间与节约成本，组屋社区建设多为高层建筑，实行集中居住；社区配套建设也由政府统一规划，各种配套设施较为完善，一般配有学校、图书馆、医院、体育馆等公益场所，在完成了“居者有其所”的目标之后，新加坡继续在此基础上推行组屋社区计划。自 1980 年之后，新加坡政府主要通过完善组屋社区的公共设施等活动来提升居民的社区认同感。组屋社区计划的推行加快了新加坡城市化建设的进程，农村社区完全被组屋社区所取代。行政主控型社区管理方式就是在组屋计划中形成的。新加坡政府国家住宅发展局负责对社区工作的指导和管理，主要职能包括四个方面：一是社区公共服务设施的规划和建造；二是对乡村的领导人进行培训；三是发起社区活动，倡导特定的社会价值观；四是对社区建设和活动予以财政支持。虽然新加坡的乡村社区建设是以政府为主导，但是社区非营利组织在政府强有力的规划、指导和财力支持下，在乡村社区建设中发挥重要作用。随着乡村社区建设的完善和社区管理水平的不断提高，社区非营利组织数量也迅速增大，种类也日益多样，并为乡村社区发展和乡村居民生活提供更优质、更方便、更全面的服务。

在混合型乡村社区治理中，政府负责规划、指导社区建设，并为乡村社区建设和管理提供经费支持，乡村社区自身也积极发挥自治功能。混合型乡村社区治理模式的主要代表是日本和北欧。政府建立高效的乡村社区公共服务体系和高效的管理体制；社区组织一般是行业性和专业性的，主要职责是维护社区居民的权益。日本农村社区是一定地域范围内的社区居民的自组织联合，主要表现为单个自然村落或多个自然村落的联合。日本农村社区有数量众多的民间性、公益性社会组织和自组织性、服务性经济组织。日本市町村公共团体主要从事国家层面的公共服务及公共管理、办理地方自治事务，在实施政府基层管理和实现社区自治方面发挥着重要作用，是日本农村社区管理的重要补充。各种各样的农协是日本自组织性、服务性经济组织（协会）的代表。农协除了对农民进行专业培训，积极开展农业生产技术指导，推广农业技术，为农民提供小额贷款、农业保险外，还在维护农民权益、乡村规范、社会秩序等方面发挥着重要作用。

二 政府对农业的保护

为了避免市场机制嫌贫爱富的倾向，政府可以用法律等形式规定国家对社区发展问题负有的责任。在加拿大，面对农业的衰落，联邦政府积极建立农业研究机构，提高农业的科技水平。联邦通过“加拿大全国研究委员会”以及“加拿大自然科学与工程研究委员会”，提高新技术对农作物改良、病虫害及市场多样化进行扶助；联邦政府还直接投入资金建设农业基础设施，并发布农业经营条例，规范农产品经营；政府通过“加拿大农民信贷机构”，直接对农业进行财政补贴，减少农业的市场风险，提高农业的市场竞争力。[①] 按帕垂捷（Partridge）和纽兰（Nolan）的研究，偏远乡村地区是否存在优良的公路，对于乡村劳动力获得城市的工作机会非常重要。[②] 因此，政府的战略投资对于经济与社会发展多样化是必要的。[③] 此外，政府还通过合作社弥补私人企业为代表的市场力量的不足，直接干预社区的经济与社会事务。[④] 在促进乡村社区复兴的过程中，各级政府制定了很多政策，增加农业多样性、改变乡村居住模式、改善基础设施、提高公共服务的水平，推动乡村地区经济、社会与政治发展，从而在一定程度上弥补了市场对乡村社会的侵蚀，有助于挽救乡村社区衰落。

在欧洲，农业发展滞后造成农民收入增长减缓，农村劳动力外流，乡村社区一度面貌破落，城乡矛盾凸显，严重制约了经济、社会与资源环境的协调发展。为此，欧洲各国政府在乡村社区建设中充当起主要角色。欧洲各国出台及修正了一系列纲领性文件及政策法规支持乡村社区建设。在各类政策中，最为典型和古老的政策之一是共同农业政策（The Common Agricultural Policy，简称为 CAP），这个政策主要源于欧洲一体化的进程。[⑤] 20 世纪 50 年代，由于多年战争导致农业衰败，欧洲各国的粮食产量不高，各国国内粮食供应无法得到保障。于是，最早进入欧洲一体化进程的一些国家就共同商议应对措施，希望通过对农业的支持以及对农民的保护和鼓励，实现粮食供应的基本保障。最早制定的共同农业政策就是为了要确保整个食品生产链上各个环节的生产能力，并让农业社区的居民的生活水平能赶上城

① W. H. Furtan & R. S. Gray，1991，“The Constitutional Debate：Some Issues for Agriculture”. *Canadian Public Policy* 17（4）.

② J. Partridge & James Nolan，2005，“Commuting on the Canadian Prairies and the Urban/Rural Divide”，*Canadian Journal of Administrative Sciences* 22（1）.

③ S. Markey，G. Halseth，& D. Manson，2008，“Challenging the Inevitability of Rural Decline：Advancing the Policy of Place in Northern British Columbia”. *Journal of Rural Studies* 24.

④ M. D. Rice & Darren C Lavoie，2005，“Crown Corporations and Co-operatives as Coping Mechanisms in Regional Economic Development”. *Canadian Geographer* 49（4）.

⑤ Common Agricultural Policy，https：//en. wikipedia. org/wiki/Common_ Agricultural_ Policy.

市居民。此外，这个政策还试图保持农产品市场的产品供应量稳定，进而促进欧洲的食品供应价格更加合理。这个政策一开始主要是通过向农民直接提供一系列的补贴，并给予他们更多的农业保护和出口支持。1962 年，相关的欧洲国家就决定，建立六个统一农产品市场，并且建立了欧洲农业指导和担保基金（the European Agricultural Guidance and Guarantee Fund）用以支持各国农业发展。

20 世纪 70 年代，欧洲相关国家着手制定政策，加快各国农业领域的结构调整。1972 年，通过法律以推进农业现代化，推动专业化培训，通过鼓励老人提前退休来更新农业劳动力的队伍。1975 年，各国就采取措施，专门资助山区和欠发达地区农民的农业生产和销售。虽然共同农业政策帮助欧盟达到了食品自给自足的目标，但又带来了主要农产品长期过剩的问题。于是，各国也重视农产品供应的不均衡问题，并着手调整农产品结构。1979 年，各国通过联保责任征税措施，要求对奶产品领域生产过量的农民进行处罚。而对于已经生产过剩的那些农产品，有的是通过补贴出口鼓励销往国外，有的是通过储存储备延长销售时间，有的干脆就不得不处理掉。盲目的生产显然造成了很大的浪费，政府的支持措施也导致预算支出增高，加重了政府的财政负担。更重要的是，这种农业生产的结构性问题给有些国际市场还带来诸多负面影响。当然，这种结构性的农产品过剩从根本上讲，也不符合农民自身的利益，并受到许多消费者和纳税人的诟病。与此同时，社会开始关注农业的可持续发展问题。

随着食品安全和环境保护压力的增大，欧盟的共同农业政策开始关注农业生产的环境问题。麦克谢瑞（MacSharry）改革之后，各国政府逐步改变了原来通过价格对农产品的补贴，并转向收入支持的生产者补贴。这个改革主要是为了提高欧盟农业的竞争力，稳定农业市场，鼓励农产品多样化，并且保护环境。其实，这项改革还有一个重要意图是保持欧盟预算开支的稳定性。到 2000 年议程的制定，欧盟各国政府就根据《阿姆斯特丹条约》的要求，确定了在乡村范围的经济、社会和环境的综合发展目标。2009 年，欧盟农业部长达成一项政治协议，要求共同农业政策进行卫生检验，减少对农民的一些限制。这项政策更多的是支持农民适应农产品市场的变化，帮助他们了解市场信息，积极应对市场经济的挑战。

三　政府对待乡村态度的变化

在发达国家，工业化和城市化的推进导致大量人口进入城市工作和生活，乡村地区留下的人口不多。20 世纪 70 年代兴起的返郊化浪潮，虽然有大量人口回流乡村，但这些返流人口多数不依靠农业收入。在美国这样的发达国家，即使农业现代化水平很高，但许多人仍然不愿从事农业，农业劳动力容易流失。另外，农业生产对劳动力的季节性需求，也是许多劳动力不愿选择农业领域的重要原因。据调查，典型的美国农业在一年内需要约 250 万人的劳动力，但劳动时间仅有不到六个月。这就造成农业领域对本国劳动力的吸引力很小，全国有 3/4 的农业劳动力来自移民，其中将近一半还是非法移民。[①] 因此，农业劳动力成为乡村贫困问题比较集中的群体，加上国家对待非法移民的复杂态度，使得政府的减贫措施往往无法覆盖这个群体，贫困问题就变成恶性循环。

对于发达国家而言，政府更加关注城市贫困问题，较少投入力量研究和处理乡村贫困问题。虽然城市贫困问题比较突出，但乡村地区的贫困人口基数也不小，因此国家通常情况下都不能削减对乡村地区的常规扶持。[②] 随着非政府组织对乡村贫困问题的重视，政府也开始在长期贫困的乡村开展实验区。例如，美国在南达科他州的格兰德河地区、阿巴拉契亚肯塔基和密西西比三角洲的美国印第安保留区等就开展了减贫实验，主要希望解决当地就业机会少、受教育程度低、交通设施落后以及儿童福利较少等问题。调查发现，政府的实验区建设

① P. Martin, 2009, Importing Poverty?: *Immigration and the Changing Face of Rural America*. New Haven: Yale University Press.

② H. R. Jr. Rodgers, G. Weiher (eds), 1989, *Rural Poverty: Special Causes and Policy Reforms*. Santa Barbara: Praeger.

和减贫措施确实给当地居民的生活带来希望。①

当然，政府在承担对乡村贫困的政治责任的同时，由于预算等问题的困扰，也不得不考虑减贫的成本问题。对于英美这样的发达国家来说，由于乡村人口不多，使得乡村的贫困问题并不像城市一样表现出明显的空间特征。通过对英国的威尔特郡、诺森伯兰郡和汉普郡及美国的新英格兰的调查发现，由于乡村贫困空间分布的不规则，导致政府在乡村减贫问题上的地理区域划分有一定的困难。②

然而，从20世纪80年代里根和撒切尔夫人的上台，新自由主义在国家政策领域占据主导。它主要倡导减少政府开支，减少税收，减少财政赤字，减少政府干预。当时的美国和英国在国家层面大幅度削减教育、医疗等基本公共服务开支，给乡村社区造成了巨大的影响。面对乡村的衰落，政府是听任新自由主义的意识形态指导，采取市场导向的公共政策，还是将乡村视为城市生产、生活方式的另一选择，对农业、农村与农民给予有效的保护，是一种艰难选择。政府的公共政策往往在这两个相互矛盾的方向上展开，而乡村的兴衰有时则取决于哪种导向占主导。从加拿大的情况看，政府的态度与选择是矛盾的。一方面，乡村社区的衰落，相当程度上源于政府的市场化导向的公共政策，特别是跟政府接受新自由主义意识形态对自由市场、个人主义、放松管制、私有化和削减福利的倡导，特别是接受20世纪80年代初英国撒切尔政府与美国里根政府的新自由主义政策有关。新自由主义导向的公共政策主要倾向于削减赤字、减少项目开支、资本配置及公共服务供给的市场方法，主张社会目标更直接偏重于资本能力的积累。③ 联邦政府实施这类政策后，减少了政府对乡村提供的资金

① K. Pickering, Mark H. Harvey, Gene F. Summers & David Mushinski, 2011, *Welfare Reform in Persistent Rural Poverty: Dreams, Disenchantments, and Diversity*. Pennsylvania: Penn State University Press.

② P. Milbourne, 2004, *Rural Poverty: Marginalisation and Exclusion in Britain and the United States*. New York and London: Routledge.

③ D. Clark, 2002, "Neoliberalism and Public Service Reform: Canada in Comparative Perspective". *Canadian Journal of Political Science* 35 (4).

与服务，加重了有些乡村自治市财政负担，并减少了它们的决策权。同期，省政府也一直努力推动公共服务集中化以削减供应成本，并不断减少对地方的拨款，减少乡村公共服务与设施的供给。[①] 结果，农业市场化程度和农业生产效率都有很大提升，但是也使农业越来越受到全国乃至全球农产品市场的支配，更易受到资本力量的支配；市场力量在推动大量乡村人口非农化就业的同时，也导致在劳动力资源配置过程中低技能劳动力滞留乡村的问题；此外，市场化与城市化过程中还产生了城市价值观对传统乡村生产、生活以及文化价值观的全面侵蚀，加速乡村社区的衰落。

值得注意的是，乡村地方政府则在乡村社区发展中，仍然倾向于干预市场过度推进、建设乡村基础设施、提高乡村公共服务供给水平，在保护和复兴乡村地区方向扮演了特别重要的角色。但是，由于职能收缩和财政削减，加拿大的乡村地方政府对乡村复兴多少显得有些有心乏力。[②] 传统上，乡村地方政府因为相对孤立而享有比城市地方政府较高程度的自治，它在形式与职能上更多依赖地方传统与习俗，造成它的非正式的运作方式。这些特点为乡村地方政府提供了一定程度的稳定性，也使它们较少对社会文化变迁作出回应。加上缺乏高效和专业的政治领导人，乡村地方政府无法很有效地应对乡村社区的变迁问题。于是，乡村地方政府作为乡村人口的自治机构，固然对乡村资源拥有重要的支配作用，但是面临着一系列的问题。首先，特别是乡村地方政府有资金困难。加拿大地方政府的资金 2/3 来自固定资产税，其余的依赖上级政府。由于乡村人口减少，财产税无法为地方政府提供足够的收入，而乡村公共服务则根据人头而不再是按照财

---

① J. e Jaff & A. A. Quark，2006，“Social Cohesion，Neo-liberalism，and the Entrepreneurial Community in Rural Saskatchewan”. *The American Behavioral Scientist* 50（2）.

② 加拿大有两种广义类型的地方政府：自治市政府，董事会和委员会。宪法规定自治市是“省的傀儡”，它的设立与撤销主要依赖省政府的意向，人口下降和自治市服务的不断提高使乡村地方政府比以前任何时候都更加依赖省政府。参见 D. J. A. Douglas，2005，“The Restructuring of Local Government in Rural Regions：A Rural Development Perspective”. *Journal of Rural Studies* 21。

产提供，因此资金缺口较大。其次，乡村社区公共服务出现了“不情愿的集中化”①。20 世纪 90 年代以来，联邦政府到省政府都逐级削减对下级政府的转移支付，并将公共服务等职能下放到地方政府。② 乡村地方政府由于规模小而资金薄弱，难以有效供应服务，特别是服务机构难以雇到合格的专业人员以及购置昂贵的服务设施。在人口散居的乡村，提供公共服务比在城市成本要高得多，于是地区主义、合并服务经常被当作应对经济衰退及其他外部威胁的实用方法。许多服务合并都是不情愿采取的，因为它使一部分乡村人口距离服务供应地更远而无法获得及时、有效的公共服务。再次，服务能力下降与服务需求增长的矛盾，明显削弱了乡村地方政府的权威。由于收入来源的不足，乡村地方政府日益依赖省政府的财政转移支付，各种董事会和委员会也更加依赖上级专业部门，乡村地方政府权威受到很大影响。这类问题使得乡村地方政府在推动乡村社区复兴方面处于一种尴尬的地位，并且多多少少表明了加拿大乡村复兴仍然存在着极大的变数。

如果政府采取新自由主义意识形态指导下的市场化导向的公共政策，则会造成乡村的进一步衰落；而政府对乡村的积极保护以及农民的理性选择，则会成为乡村地区复兴的重要力量。乡村能否复兴一方面取决于政府是否通过对乡村社区的积极干预来缓解市场力量的过度侵蚀，弥补市场经济在彰显效率时对乡村社区造成的损害与忽视；另一方面也取决于农民自身能否通过合作社和农会等有效组织形式，在市场中保护和争取自身的利益。一旦政府的积极介入，改善道路等乡村基础设施等，会使乡村居民的经济、社会活动范围都远远超出他们所居住的社区。乡村社区公共服务供给能力的增强，也会减少乡村人口的实际困难与担忧，使乡村社区成为生产、生活场所的选择，为乡村社区带来更多的就业机会。在资源配置中，因为自身在市场中的竞

① 例如在 1996—2004 年间，安大略省自治市的数量从 815 到 445 减少了 40%。参见 P. V. Hall & P. Stern, 2009, “Reluctant Rural Regionalists”. *Journal of Rural Studies* 25。

② ［加］理查德·廷德尔、苏珊·诺布斯·廷德尔：《加拿大地方政府》，于秀明、邓璇译，北京大学出版社 2005 年版，第 18—19 页。

争劣势，或出于对乡村景观、产业或社会文化价值的偏好等各种原因而继续留在乡村或选择在乡村社区工作与生活的人们，也有需要和动力使乡村社区继续作为满足城乡居民经济、社会及情感需求的实体而存在。如果这两方面的力量配置得当，乡村地区在现代化进程中是有可能实现转型和存续的。

第三节 研究范式的变化

多年来存在着一种对于农村社会学或乡村社会学的误读：欧美发达国家早已不存在农村问题，以至于乡村社会学失去了对象和意义，几十年前就从欧美社会学中销声匿迹。这种误读经常激发一些想象，例如，中国的农村问题仅仅是一般工业化必经过程中的阶段性遭遇，终究一样要通过农业份额持续减少、农村大量消失、农民主要迁移城市得到解决；作为这个过程的副产品，中国农村社会学在最近几十年间的同步衰竭也是可以预见的，等等。这类误读实际上没有根据。而简单以现代化为取向，把农业、农民、农村的未来假定为工业化、城市化和现代化，也显得极其粗放或粗暴。这里不重复论证欧美发达国家是否还存在着农村问题或乡村问题，而想着重说明：与社区社会学汇入欧美城市研究圈相似，欧美的乡村社会学研究虽然在20世纪60年代以来淡出社会学主流话语以及《美国社会学评论》等主流期刊，但是显然与农业经济学、经济地理学等其他学科力量一齐重新组成了乡村研究圈；近30多年来，其乡村和乡村转型研究持续生发出许多重要的学术理论、概念和争议，对于我们调整和反省学术视野，观察中国的农村问题，进行农村社会学研究，可能是具有启发力、刺激力的。这里主要根据对 *Rural Sociology*（美国乡村社会学会主办，季刊）、*Journal of Rural Studies*（英国 Elsevier Science 出版，季刊）、*Sociologia Ruralis*（欧洲乡村社会学会主办，季刊）三种英文期刊的爬梳，初步勾勒近二三十年来乡村研究的重要变化与进展。

一 现代主义乡村研究模式的流变①

乡村研究在欧美曾经急遽衰退应该是一个事实。长期担任《乡村研究》主编的克洛克曾痛诉自20世纪50年代以来，乡村研究逐渐地被社会科学边缘化而成为一潭死水。② 但是，乡村研究边缘化并非完全是外部力量使然，按马斯登等人的反省，主要原因在于乡村研究长期把自己置于“城市导向”（urban-oriented）的资本主义发展框架中；它本身就可以被称为一种现代主义的乡村研究，研究重心在于描述乡村生活的特性（personality），不知不觉就变成强调乡村生活的社会病理性问题。③ 从60年代到80年代发表的很多这类论文，其基本内容主要集中在两个层面：第一，关注城市居民移居乡村、全球化经济生产对乡村的冲击，包括乡村贫穷、服务缺失、犯罪、流行病、社区冲突、剥夺等不利问题，例如，有些学者把乡村变迁描述为新来者阶层对当地居民阶层的叠加，从而产生阶层间的冲突。④ 第二，潜在地把城市与现代社会作为观察出发点或者价值立足点，去探究传统乡村的社会秩序、运行机制和独特的分化模式，例如从“共同体导向”（gemeinschaft-orientation）界定乡村社会，即强调乡村是一种内部团结、血缘关系、代际传承、传统的面对面的社会。⑤ 这类讨论不但认同城乡在经济、社会、文化上总是二元分离的，而且还有两个特征：

① 这里借用普拉特（A. Pratt）和默多克（J. Murdoch）的现代乡村研究模式（forms of modern rural studies）的表述，但不表示赞成其现代主义类型划分及其内涵解释，包括前现代主义、现代主义、高度现代主义和后现代主义等。参见 M. Phillips，1998，“The Restructuring of Social Imaginations in Rural Geography”. *Journal of Rural Studies* 14（2）。

② P. Cloke，1997，“Country Backwater to Virtual Village? Rural Studies and ‘The Cultural Turn’”. *Journal of Rural Studies* 13（4）.

③ T. Marsden，P. Lowe & S. Whatmore，1990，*Rural Restructuring：Global Processes and Their Responses*. London：Fulton，p. 1.

④ P. Cloke & N. Thrift，1990，“Class and Change in Rural Britain”. In Marsden，T.，P. Lowe & S. Whatmore，*Rural Restructuring：Global Processes and Their Responses*. London：Fulton，p. 165.

⑤ T. Marsden, 1990, “Introduction: Questions of Rurality”. In Marsden, T., P. Lowe & S. Whatmore, *Rural Restructuring: Global Processes and Their Responses*. London: Fulton, pp. 1 – 2.

（1）或者认同城市化、工业化、全球化对于乡村的冲击、瓦解是正常的，或者认为即便乡村应有其经济、社会、文化上的价值，但也是一项毫无成功希望的争斗。[①]（2）努力在概念、术语上显得与主流社会学非常一致，似乎其适用于城市研究也自然适合乡村研究，特别希望采取这种方式使乡村研究赶上城市研究的水平。但是，恰恰在现代主义的指向下，在城市研究的理论、概念和术语观照下，乡村社会反而显得特别病态，乡村研究在社会学知识、理论的生产上也越发显得边缘或不重要，不仅缺乏坚固的理论基础，而且在时空上日益疏离"发展舞台"[②]。从这个角度说，乡村社会学在主流社会学中的日益"受挫"，的确也由于乡村研究或显或隐的现代主义立场、方法发挥了自我"驱逐"作用。

70 年代以后逐渐改变乡村社会学衰退倾向的力量，可能首先来自 20 世纪后半期发达国家乡村社会发展出现新情况，不断显示乡村社会学研究在立场、方法与结论上的问题。首先，城市周边通勤地区的出现，对以往关于乡村的演绎推论形成证伪，不断出现的第二、第三部门的城乡流动就业等新情况则侵蚀着城乡二元概念。其次，现代农业部门出现重构，在生产取向的农业部门就业的人口大幅度下降，导致农业对乡村的影响普遍减弱，乡村就是农业或农业就是乡村的观念或预设越来越不合时宜；随着旅游、环境保护、休闲等在乡村空间的持续扩张，支配乡村居住区的似乎不再是第一产业及其从业人员，人们也开始更多地从生活、消费类型上定位乡村地区。此外，价值观念也出现变化。一个显著现象是在对发达国家的城市化、城市病、工业主义的批评声中，很多人把乡村作为免于工业主义影响的"前现代"空间，打算"逃到"乡村去，有人甚至把它抽象为英国乡村田园梦的主题；另一个显著现象是乡村仍然被

① J. Murdoch & A. Pratt, 1993, "Rural Studies: Modernism, Postmodernism and the Post-rural". *Journal of Rural Studies* 20 (2).

② M. Mormont, 1990, "Who is Rural or How to be Rural: Towards a Sociology of the Rural". In T. Marsden, P. Lowe & S. Whatmore (eds.), *Rural Restructuring: Global Processes and Their Responses.* London: Fulton.

更多人视为资本主义现代社会发展的一部分，主要担负着为整个社会提供自然资源的角色。[①] 这两种取向之间的冲突本身就再次提出了究竟如何看待乡村和乡村发展的问题。这些变化相互叠加，显现了以往现代主义乡村社会学或社会科学研究的脆弱性，从而驱动关于乡村社会的想象和定义发生转变。

催生乡村研究新理论的直接动力，是70年代末福特主义的工业霸权理论逐渐衰落、[②] 跨学科研究以及新马克思主义[③]对已有区域研究的批判。而农业政治经济学[④]和乡村转型理论则最终成为批判传统乡村社会学的两个最主要路径。其中，关注全球粮食体系的农业政治经济学特别注意到农业在资本主义发展中的困境，包括农业在粮食商品体系中的作用减弱、工业资本积累的占用行为、淘汰以乡村（如土地）为基础的劳动过程的长期趋势。其中，有些研究揭示发达国家的农业逐渐成了一种经济剩余，而不是传统的经济类型；[⑤] 乡村经济出现了三个结构性变迁，即农场经济的衰落、制造业和服务业中低工资就业的增加、乡村消费功能的增长。[⑥] 农业政治经济学注意到经济转型、政策选择对乡村社会的影响，重新刺激了对乡村社会的关注度，不过，这些研究本身主要发展为与乡村社会研究分离的农业研究。而

① J. Murdoch, P. Lowe, N. Ward & T. Marsden, 2003, *The Differentiated Countryside*. London: Routledge.

② 参见 A. Lipietz 1988, *Mirages and Miracle*. London: Verso; P. Cooke 1988, "Flexible Intergration, Scope Economies and Strategic Alliances: Social and Spatial Mediation". *Society and Space* 3 (4)。

③ 新马克思主义是20世纪70年代兴起的，主要代表人物和著作：James O' Connor, 1973, *The Fiscal Crisis of the State*; H. Braverman, 1974, *Labor and Monopoly Capital: The Degradation of Work in the Twentieth Century*; I. Wallerstein, 1974, *The Modern World-System*。其中 *Journal of Peasant Studies* 为当时主要的思想阵地。

④ F. Buttel, 2001, "Some Reflections on Late Twentieth Century Agrarian Political Economy". *Sociologia Ruralis* 41 (2).

⑤ G. Goodman, 1986, " Capitalism, Petty Commodity Production and the Farm Enterprise". *Sociologia Ruralis* 3 (4).

⑥ J. Little, 1994, "Gender Relations and the Rural Labour Process". In S. Whatmore & T. Marsden (eds.), *Gender and Rurality*. London: Fulton, pp. 11 – 30.

另外一些学者呼吁把主流社会理论运用于解释乡村问题，特别关注因资本积累在地理上变迁而产生的社会空间结构的瓦解和重新组合，并在纽比和马斯登的领衔下作出概念化努力，形成了乡村转型理论。① 与农业政治经济学家相比，后者把焦点放在工业和资本的全球化产生对民族国家和地区的普遍影响（如经济转型、社会转型、国家规制）。转型理论对乡村研究提出了具体的要求：第一，弱化传统空间标准，特别是城乡二元标准，注意资本积累的其他可利用的空间；第二，重视资本主义生产转型和市民社会之间的关系，强调其对社会分层地方体系的影响。② 这两个转型主题发挥了两重强化作用，一是把全球—地方关系的本质及其特殊性放在地方性的社会、经济和政治行动中来解释；二是强化了理论化，并且发展出依托这些概念的即时性分析，更有效地把地方变迁和宏观变迁联系了起来。马斯登等倡导者曾经自我评价说，上述工作去除了乡村社会自给自足的观念，克服了乡村社会学的理论孤立状态，同时也摆脱了农业政治经济学的局限性，实现了对乡村经济和社会重建的整合性研究，以及对乡村社会关系的整体性研究。③

---

① 纽比等人在80年代初提倡把乡村社会学改名为农业社会学［H. Newby, 1980, "Trend Report: Rural Sociology". *Current Sociology* 28 (1); H. Newby, 1983, "The Sociology of Agriculture: Toward a New Rural Sociology". *Annual Review of Sociology* 9 (1)］. 当时讨论乡村转型的主要人物有纽比和马斯登及其团队［H. Newby, 1986, "Locality and Rurality: The Restructuring of Rural Social Relations". *Regional Studies* 20 (3); T. Marsden, S. Whatmore, R. Munton & J. Little, 1987, "Uneven Development and the Restructuring Process in British Agriculture: A Preliminary Exploration". *Journal of Rural Studies*3 (4); S. Whatmore, R. Munton & T. Marsden, 1990, "The Rural Restructuring Process: Emerging Division of Agricultural Property Rights". *Regional Studies* 24 (3)］。

② M. Goodwin, 1989, "Uneven Development and Civil Society in Western and Eastern Europe". *Geoforum* 20 (2).

③ T. Marsden, P. Lowe & S. Whatmore 1990, *Rural Restructuring: Global Processes and Their Responses.* London: Fulton, pp. 7 – 12.

从研究风气上说，“新乡村社会学”① 的确成功去除了传统乡村社会学的陈旧形象，详细阐述了批判性的替代理论。但是，客观来说，对城乡连续体如何概念化在新乡村社会学中还是一个悬而未决、几近真空的命题。面对全球粮食体系的重新组合和乡村社会空间结构的瓦解而产生的离心拉力，传统农村类型的被解构速度和程度都很显在，但是，转型话题似乎并未深度挑战乡村场所的意义，它真正注意到并加以确认的，是乡村明显的农业特征是过去投资发展的结果，现在和未来则可能面临不同劳动空间分工。也就是说，在发达国家，乡村与传统农业互为需要的关系正在慢慢消解，农业日益成为工业生产中的一个部门。结果，乡村转型的本质甚至被简化为乡村的去农业化。与此相关联，在乡村转型理论中乡村与地理空间的关系也被激进修正，乡村被解释成为非乡村使用者服务的功能性空间，而不再是乡村社区。在这些观点中，乡村逐渐被解释成一个历史偶然类型②，一个混合或混乱的空间（hybrid space），一系列社会和自然实体的复杂关系。③ 有研究者称为“后乡村”时代到来。④

① 新乡村社会学这个说法是古德曼（D. Goodman）于1980年提出的，用于批判60年代美国乡村社会学强调技术性，不关注乡村贫困和剥夺问题，缺乏对国家政策制定的批判性想象。新乡村社会学的代表人物是古德曼和沙宁（T. Shanin）。加入新乡村社会学讨论的其他著名社会学家还有纽比、曼恩（M. Mann）、弗里德曼（H. Friedmann）和弗里德兰（W. H. Friedland）等［F. Buttel，2001，“Some Reflections on Late Twentieth Century Agrarian Political Economy”. *Sociologia Ruralis* 41（2）］。

② J. Urry，1984，“Capitalist Restructuring，Recomposition and the Regions”. In Bradley，Lowe（eds.），*Locality and Rurality*. London：Geobooks，p. 46.

③ M. Woods，2005，*Rural Geography：Processes，Responses and Experiences in Rural Restructuring*. London：Sage，p. 11.

④ 参见 M. Mormont，1990，“Who is Rural or How to be Rural：Towards a Sociology of the Rural”. In T. Marsden，P. Lowe & S. Whatmore（eds.），*Rural Restructuring：Global Processes and Their Responses*. London：Fulton；K. Halfacree，1993，“Locality and Social Representation：Space，Discourse and Alternative：Definitions of the Rural”. *Journal of Rural Studies* 9（1）；J. Murdoch & A. Pratt 1993，“Rural Studies：Modernism，Postmodernism and the Post-rural”. *Journal of Rural Studies* 20（2）；N. Ward，1993，“The Agricultural Treadmill and the Rural Environment in the Post-productivist Era”. *Sociologia Ruralis* 33（3）；M. Lawrence，1997，“Heartlands or Neglected Geographies? Liminality，Power and the Hyperreal Rural”. *Journal of Rural Studies* 13（1）。

90年代开始随着资本主义全球化向纵深发展，乡村地区的消费角色和未来潜能被一步一步挖掘。也许与此前新乡村社会学并未牢固确立理论品格多少有些关系，乡村社会学或者说是乡村社会科学研究突然批量化地进入了所谓的“文化转向”①，很多研究者紧密跟踪从所谓后现代性中生发出来的日常生活种种形式，很相信“后现代主义的社会学”会给“乡村”提供自反性的视角。② 客观说来，面对发达国家乡村发展的多元化和复杂性，一般性描述社会结构、制度和系统的社会学的确显得力不从心。与后现代学者、后现代文化社会学迷恋于差异及其意义相一致，所谓乡村研究的文化转向也似乎有理由致力于把差异理论化，并从此角度展开对“真实”村庄的研究。乡村地理学、社会学和政治学纷纷寻求乡村空间关系及其场所的意义、关注乡村的“他者”、场景、认同等主题，重视把社会关系和乡村社会、空间变迁的分析结合起来，③ 提倡用新理论工具（多元主义、阶级理论、规制理论、行为网络理论、治理理论等）来改变乡村地区的“沉默”状态，为乡村研究提供新概念。④

从结果看，后现代文化研究重视对乡村中的差异和被忽视的“他者”的研究，有助于复兴乡村研究，并且在“乡村性”这个关键点上为乡村研究找到所谓体面和兴奋。从文献看，“乡村性”这个词在

---

① *Journal of Rural Studies* 主编克洛克在1997年第4期上发表了 Country Backwater to Virtual Village? Rural Studies and “The Cultural Turn”，对乡村研究的文化转向作了比较系统的理论说明，即所谓文化转向的乡村社会学沿着文化社会学、人类学、后现代主义、社会建构主义和话语分析等发展起来。此文成为乡村研究的重要参考文献之一。参见 P. Cloke, 1997, “Country Backwater to Virtual Village? Rural Studies and ‘The Cultural Turn’”. *Journal of Rural Studies* 13（4）。

② J. Murdoch & A. Pratt, 1993, “Rural Studies: Modernism, Postmodernism and the Post-rural”. *Journal of Rural Studies* 20（2）.

③ T. Marsden et al., 1993, *Constructing the Countryside*. London: UCL Press, p. 193.

④ 例如，治理理论可能给乡村研究带来的新主题，包括：一、对一些市场、国家和市民社会的旧差异有新的认识；二、对农村社会的结构和权力分歧提供新的研究议程；三、乡村地区的社会、经济和政治利益的链接问题；四、乡村发展的不平衡以及相应的地方治理和地理适应。［参见 D. Goodwin, 1998, “The Governance of Rural Areas: Some Emerging Research Issues and Agendas.” *Journal of Rural Studies*14（1）］

80年代起就一直为研究者们所热衷，不过当时主要和区位（locality）相关联,[①] 很容易被用于描述具体的乡村特征，以至“乡村性”日益沦为一个混乱的概念。90年代以后，乡村研究期刊有不少关于“乡村性”研究的新文献,[②] 其中，哈尔法克里的论文的引用率很高。他借用语言学的心理分析方法，从人们日常生活中使用的语言和概念，找出一种融合抽象概念和具体意象的表达方式，通过理解当地人对“乡村”的表达定义，说明“乡村”如何成为一种“社会建构”[③]。哈尔法克里的努力，一方面显示了乡村性随着不同时间、不同地方而产生差别；另一方面，乡村性概念也因此愈发显得含糊矛盾。从效应上说，后现代文化研究式的“乡村性”讨论，对理解欧美的物质性、实体性的乡村及其问题显得没有多少裨益，但是在文化理解上则生发了不少抽象概念和术语。例如，哈尔法克里表明整个“乡村”的概念是由许多不同立场的人在许多不同历史时空所建构的，后现代乡村是在人们的想象中被认定的，由此引入了所谓乡村“去地方化”（de-territorialized，或译“脱域化”）概念，即乡村性的意义标志和符号日益与所在具体地理空间分离。[④] 而学者们为解构不同的“乡村文本”，探索乡村的复杂性，又需要“再地方化”（reterritorialized），以定义

① P. Cooke（ed.），1989，*Localities: The Changing Face of Urban Britain*. London: Unwin Hyman，pp. 76－77.

② 谢宏昌曾列举了一些学者［A. Pratt，1996. “Discourses of Rurality: Loose Talk or Social Struggle?” Journal of Rural Studies 12（1）；Q. Jones，1995. “Lay Discourses of the Rural: Developments and Implications for Rural Studies”. *Journal of Rural Studies* 11（1）；M. Phillips，Rob Fish & Jennifer Agg，2001. “Putting Together Ruralities: Toward a Symbolic Analysis of Rurality in the British Mass Media”. *Journal of Rural Studies* 17（1）］关于乡村性的不同说辞（谢宏昌：《全球化涵构中的乡村性》，《全球冲击与乡村调适研讨会论文》，台湾大学，2003年）。另外，里格（J. Rigg）和里查（M. Ritchie）把乡村性的研究带入泰国，发现精英的“乡村性”与乡村领袖的看法颇有冲突［J. Rigg & M. Ritchi，2002，“Production，Consumption and Imagination in Rural Thailand.” *Journal of Rural Studies* 18（3）］。

③ K. Halfacree，1995，“Talking about Rurality: Social Representation of the Rural as Expressed by Residents of Six English Parishes”. *Journal of Rural Studies* 11（1）.

④ P. Cloke，1997，“Country Backwater to Virtual Village? Rural Studies and ‘The Cultural Turn’”. *Journal of Rural Studies* 13（4）.

乡村空间的必要特征。[①] 有研究者评论说，如果之前某些“真正的”的乡村性形式可以产生出乡村性的文化编图，现在则是文化编图在先，用以指导乡村空间的识别，引导虚拟乡村性的形式，等等。后现代乡村性论述强调乡村消费者是通过符号来认识乡村，而文化绘图则引导认识乡村空间，并提供虚拟想象的乡村性和建构互动，这很自然会被批评为反社会化、反物质化及脱离社会实体。[②] 面对批评，哈尔法克里又借用列斐伏尔（H. Lefebvre）空间本体论的社会理论[③]框架，提出了乡村网络模式：空间实践、空间的表征以及表征的空间，[④] 并认为它吻合乡村地区、意义性行为和促进社会经济再生的潮流。在本文看来，这种修正在很大程度上可谓一种“退缩”，多少表明一些后现代乡村研究者自己也开始觉得需要谨慎审视乡村文化转型研究的去社会化、去物质化、去政治化问题。

二　乡村转型讨论

从现代主义乡村社会研究到新乡村社会学研究，再到乡村研究的

---

① C. Bengs, 2004, “Urban-rural Relations in Europe”. In *Collections of Inter-regional Conference on Strategies for Enhancing Rural-urban Linkages Approach to Development and Promotion of Local Economic Development* (http://www.espon.eu/main/Menu_Projects/Menu_ESPON2006.Projects/Menu_ThematicProjects/urbanrural.html).

② P. Cloke, 2006, “Conceptualizing Rurally”. In P. Cloke (ed.), *Handbook of Rural Studies*. London: Sage, pp. 22 - 23.

③ 列斐伏尔是空间理论研究的先驱者之一，1991 年出版的 *The Production of Space* 一书被认为是空间研究的最重要著作。（参见郑震《空间：一个社会学的概念》，《社会学研究》2010 年第 5 期）

④ 哈尔法克里试图把物质和精神两种方式联系起来。他的另一个意图是试图通过说明人类居住的概念化，说明农村必然会成为人类居住新概念的必要组成部分，一方面它不是作为城市的对立面，另一方面农村也不是作为剩余的概念——并不一定会逐渐地转变成为（现代）城市。即继续保持分类体系上城市与农村的二元论，在应用上可能是一个好的方法，但原则是要避免两极概念。城市和农村作为生动的网络，不是彼此的镜子，而是一个体系的组成部分［K. Halfacree, 2004, “Rethinking ‘Rurality’”. In T. Champion & G. Hugo (eds.), *New Forms of Urbanization: Beyond the Urban-rural Dichotomy*. Aldershot: Ashgate; K. Halfacree, 2006, “Rural Space: Constructing a Three-fold Architecture”. In P. Cloke (ed.), *Handbook of Rural Studies*. London: Sage］。

文化转向的几十年间，乡村研究的具体论题多样、卷帙浩繁。克洛克认为其中形成了四个热闹的领域，即对自然与社会关系的再理解、乡村经验与想象的新表述、乡村文化各种新的符号文本，以及把流动纳入乡村研究理论化视野等。[①] 在笔者看来，讨论者们的政治立场、伦理站位、研究旨趣以及技术方法各不相同，很难形成一致度很高的论题和意见，但是可能由于资本主义对乡村的瓦解、各种主义对乡村概念的解构特别显在。所以，在这些论题中关于什么是乡村（诸如“谁是乡村，如何成为乡村”“乡村何时是乡村”[②]），以及何谓乡村转型两个元问题，一直显得比较尖锐并受到共同关注，有关争议大体贯穿上述研究转型的全过程，至今仍然作为最复杂概念而被定义和辩论，[③] 而且各种意见大体可以归入哈尔法克里所谓的实体、建构两个主轴线或角度。

（一）何谓乡村

三种期刊文献对乡村的描述与界定大体分布在经济、社会和文化或符号三个层面，不过与实证主义、诠释取向、马克思主义及后现代和后结构主义的交替过程相应，总体呈现出从实体判断向象征性符号界定延伸的特征。[④]

---

① P. Cloke, 1997, “Country Backwater to Virtual Village? Rural Studies and ‘The Cultural Turn’”. *Journal of Rural Studies* 13 (4).

② W. Friedland, 2002, “Agriculture and Rurality: Beginning the ‘Final Separation’?” *Rural Sociology* 67 (3).

③ 本斯（C. Bengs）在 urban-rural relations in Europe 报告中关于“Rural Europe”这部分的讨论，对“乡村”概念作了比较详细的梳理，把乡村定义研究分为四个阶段，并提出农村的定义需从两个方面来把握：抓住乡村性、乡村的去物质化。［参见 C. Bengs, 2004, “Urban-rural Relations in Europe”. In *Collections of Inter-regional Conference on Strategies for Enhancing Rural-urban Linkages Approach to Development and Promotion of Local Economic Development* (http://www.espon.eu/main/Menu_Projects/Menu_ESPON2006.Projects/Menu_ThematicProjects/urbanrural.html)］

④ R. Panelli, 2006, “Rural Society”. In P. Cloke (ed.), *Handbook of Rural Studies*. London: Sage, pp. 66-67.

第一，实体乡村。这个视角的界定者通常强调，许多世纪以来，乡村是一个能够直接提供粮食产品以及与农业相关的生活方式和社会关系，具有特有空间属性和独立封闭社会边界的实体。但是乡村实体论者不能不注意并且承认，以农业为主体而把土地、居民和生活捆绑成一体的传统乡村结构在工业革命之后发生了变化。特别是在资本主义和农业商品化进程中，农业结构发生了质变，即农业生产日益与工业生产类似，更加依赖农业企业、金融体系以及政府的调节，对乡村社区提供的交换和服务的依赖日益减少。乡村逐渐失去或弱化了以农业为基础的空间含义。[①] 这种情况从表面上看也可以被理解成城乡构成了经济、社会的连续谱或一体网络，一端的都市区和另一端的乡村由此联结了起来，但是实际上更有利于把乡村日益放在城市的概念上去理解，例如有研究者提出“乡村是都市以外的地区”[②] ——“乡村”实际上被理解为“非都市”空间，附属于“城市国家”；乡村文化也显得低等，似乎需要城市文化来替代或殖民。[③] 对于坚持从乡村本位去界定乡村的研究者而言，乡村地区看上去仍然有一些明显的社会特性，除了可能还存在着农业外，还包括相对低的人口密度、趋向开放但仍然存在的村庄、大范围土地的开发使用、去城市中心的不便利、松散的基础设施网络、在第二、第三产业中的工人数量比较少，[④] 等等。但是，不断出现的乡村变化的确使实体乡村越来越难以界定，

---

① I. R. Bowler, 1985, “Some Consequences of the Industrialization of Agriculture in the European Community”. In M. J. Healey & B. W. Ilbery (eds.), *The Industrialization of the Countryside*. Norwich: Geo Books, pp. 75 – 98; I. R. Bowler, 1992, “The Industrialisation of Agriculture”. In I. Bowler (ed.), *The Geography of Agriculture in Developed Market Economies*. Harlow: Longman, pp. 7 – 31.

② 萧崑杉:《未来乡村的论述》,《农业推广文汇》2008 年第 53 辑。

③ S. Shubin, 2006, “The Changing Nature of Rurality and Rural Studies in Russia”. *Journal of Rural Studies* 22 (4).

④ 哈尔法克里认为乡村地区大多包括以下特性：农业或其他第一产业的生产性行为为主导；人口密度较低；自然的可及性和特定消费行为。[K. Halfacree, 1993, “Locality and Social Representation: Space, Discourse and Alternative: Definitions of the Rural”. *Journal of Rural Studies* 9 (1)]

例如，人员、物品和信息日益流动、乡村人口的居住短暂性、人们行动的日益去地方化、村庄的新用途等，都导致乡村作为地域性社区的无法实现和被描述。[①]

面对乡村特征的持续变化或被瓦解，研究者在实体乡村的概念修正上陷入了两种苦恼。一种是很难坚持找到一个抽象概念可以涵盖变化着的、多样化的乡村，即便用“乡村”一词抽象了具体场所的共同特性，但在效用上似乎仅限于区分出乡村和非乡村的环境，而且有人为把乡村视为孤立实体之嫌。另一种苦恼是，一旦认同当代资本主义在空间性上去掉传统的地理划分和边界的事实及其正当性，转而在乡村界定上淡化传统乡村与城市的指标要素[②]，又势必“抹杀”乡村。由此，实体乡村的概念化努力及其效应变得备受质疑。[③] 美国社会学家库普很早就愤言：“已经没有农村和农村经济了，这不过是我们在分析意义上的区分，修辞性的工具。”[④] 18 年后，霍格特重申：“乡村的不加区分的使用对社会理论的进步是有害的……乡村的广泛类型是含糊的”[⑤]，他激进地怀疑是否真有乡村这种地方，并准备取消“乡村”这个分类。

第二，建构乡村。这类观点强调，尽管寻求单一的、包容所有乡村的定义很困难，但乡村仍旧是一个重要的分类，因为乡村已经成为一种“世界观”[⑥]，人们的行为和决策都受到乡村感觉及其抽象的影响。现代资本主义逐渐模糊了传统的农村/城市的分立，乡村作为一

---

① M. Mormont, 1990, “Who is Rural? or, How to be Rural: Towards a Sociology of the Rural”. In T. Marsden, P. Lowe & S. Whatmore (eds.), *Rural Restructuring: Global Processes and Their Responses*. London: Fulton, pp. 30 – 31.

② L. Lobao, 1996, “A Sociology of the Periphery Versus a Peripheral Sociology: Rural Sociology and the Dimension of Space”. *Rural Sociology* 61 (1).

③ P. Cloke, 1999, “The Country”. In P. Cloke, M. Goodwin (eds.), *Introducing Human Geographies*. London: Edward Arnold. pp. 256 – 267.

④ J. Copp, 1972, “Rural Sociology and Rural Development”. *Rural Sociology* 37 (4).

⑤ K. Hoggart, 1990, “Let’s Do Away with Rural”. *Journal of Rural Studies* 6 (3).

⑥ J. Curry, 2000, “Community Worldview and Rural Systems: A Study of Five Communities in Iowa”. *Annals of the Association of American Geographer* 90 (4).

种“场所”（locale）或许逐渐幻灭，但它作为社会类型的意义仍处于发展中。与纽比坚信“乡村”指陈一个社会实体不同，菲利普斯直接强调乡村是一个便利的分析工具，使用乡村概念可以使社会科学研究中只突出城市社会的问题得到平衡。[①] 哈尔法克里为此宣布后现代乡村到来，乡村成为一个符号并先于其作为一个物质空间[②]；默多克和普拉特则称为“后乡村的”[③]。

把乡村作为一种社会建构，意味着把注意力转向了乡村是如何被感觉（perception）和表征（reseptation），乡村居住者是如何构建他们自己的。当然，研究者不满足于解释乡村如何被感知和表征，而是尝试进一步捕捉乡村完成（performed）和构成（constituted）的方式，[④] 如皮尔斯关注乡村是否和如何被个体所体验，从而把乡村性的想象整合进日常生活，他还观察乡村性的构建如何影响了问题研究、政策过程和乡村环境可持续性。[⑤] 克洛克则强调乡村性社会构建中的层级，具体指在国家层面，乡村被描绘成为传统的，是现代性的避难所；在地区层面，乡村被电视节目所更改；在地方层面，乡村主要是商榷的，个人和群体之间的差异被突出等。[⑥] 由于对乡村的研究从关心物质方面转向了精神方面，一系列“激增”而来的乡村特征、多变性和矛盾随之进入了研究者的视野。这些研究多多少少揭示出：精神构建性的乡村有可能导致人们从某种成见中

---

① M. Phillips, 1998, “The Restructuring of Social Imaginations in Rural Geography”. *Journal of Rural Studies* 14 (2).

② K. Halfacree, 1993, “Locality and Social Representation: Space, Discourse and Alternative: Definitions of the Rural”. *Journal of Rural Studies* 9 (1).

③ J. Murdoch & A. Pratt 1993, “Rural Studies: Modernism, Postmodernism and the Post-rural”. *Journal of Rural Studies* 20 (2).

④ M. Woods, 2005, *Rural Geography: Processes, Responses and Experiences in Rural Restructuring*. London: Sage. p. 301.

⑤ J. T. Pierce, 1996, “The Conservation Challenge in Sustaining Rural Environment”. *Journal of Rural Studies* 12 (3).

⑥ P. Cloke, 1992, “Deprivation and Lifestyle in Rural Wales II: Rurality and the Cultural Dimension”. *Journal of Rural Studies* 8 (2); Ilbery, B. (ed.), 1998, *The Geography of Rural Change*. Harlow: Longman, pp. 125 - 129.

调整出来，有可能被用作人们行动的资源，由此甚至可以说乡村性是嵌入到社会行动中的。

（二）乡村转型：生产主义/后生产主义

一般而言，乡村转型研究只要持现代资本主义和全球化的视角，几乎会无一例外地注意到全球经济体系重构带来的生产分工调整，致使许多国家的乡村地区都不再生产若干原有经济作物，许多传统作物不再具有经济生产效益，产生所谓“失农业”现象，许多原农业区（或曰乡村）面临没有产业的命运。与乡村农业边缘化现象同时出现的替代性趋势，则是乡村地区的消费功能日益增长，包括乡村地区日益服务于城市居民的外部需求、乡村的多功能性等。对这些新出现以及潜在的未来乡村形态，哈尔法克里抽象为“后生产主义乡村”①（post-productivist countryside）的概念，以显示与生产主义乡村的不同，并指代乡村转型的性质与特征。

严格说来，生产主义/后生产主义（productivism/post-productivism）本来主要被用来概括20世纪后半期的农业变迁。② 即第二次世界大战后到80年代中期，受技术变迁、全球化以及政府调节共同作

① 作者直接把乡村性变迁概括为从生产主义到后生产主义，并具体说明了生产主义乡村的特质以及后生产主义乡村的具体形态。不过，作者本人也提醒需要进一步反思这个乡村变迁的框架，在很多地方，即使在大英地区，这个框架也还没有被完全接受。[K. Halfacree, 2006, “Rural Space: Constructing a Three-fold Architecture”. In P. Cloke (ed.), *Handbook of Rural Studies*. London: Sage.]

② 后生产主义这个词第一次出现于1990年芒顿的一篇会议论文（R. Munton, 1990, “Farming Families in Upland Britain: Options, Atrategies and Futures”. *Paper Presented to the Association of American Geographers*. Toronto, April.），作者用后生产主义来描述高地家庭农场企业的变迁。当然，关于农业后生产主义转变开始的时间有不少争论 [N. Evans, C. Morris & M. Winter 2002, “Conceptualizing Agriculture: A Critique of Post-productivism as the New Orthodoxy”. *Progress in Human Geography* 26 (3)]。

用的农业进入追求产业化、生产最大化的所谓农业生产主义阶段，① 主要表现为农业的商业化、商品化和工业化发展。② 而“生产主义乡村/后生产主义乡村”转型论者则注意到，所谓生产主义不仅存在于农业发展中，而且渗透到乡村生活的每个角落，甚至可以视为1945—1980 年英国乡村性的简称。那么，生产主义是如何嵌入乡村中的？哈尔法克里从三个层面作了说明：首先，乡村地区是通过特定的农业行为来记名的；其次，乡村的正式表征也以农业为基础，甚至（欧盟）不少地区的政策是把农村和农业概念等同使用的；最后，生产主义农业嵌入乡村地区的市民社会中，或者说，乡村社会的日常生活是在生产主义的视域中体现出来的。③ 但是，90 年代以后乡村生产主义受到全球经济转型和社会重组的挑战。前者包括与城市工作地的联系行为（如通勤），休闲商品化（如乡村旅游），工业化和边缘地区开发（如垃圾场、矿场）等，使农业出现商业化发展的多样化或

① 关于农业生产主义和后生产主义的讨论，参见 B. Ilbery (ed.), 1998, *The Geography of Rural Change*. Harlow: Longman; T. Marsden, 1998, “Agriculture beyond the Treadmill? Issues for Policy, Theory and Research Practice”. *Progress in Human Geography* 22 (2); N. Walford, 1999, “Geographical Transition from Productivism to Postproductivism: Agricultural Production in England and Wales 1950s to 1990s”. In N. Walford, J. C. Everitt & D. E. Napton (eds.), *Reshaping the Countryside: Perceptions and Processes of Rural Change*. New York: CABI Publishing; N. Walford, 2003, “Productivism is Allegedly Dead, Long Live Productivism. Evidence of Continued Productivist Attitudes and Decision-making in South-East England”. *Journal of Rural Studies* 19 (4); J. T. Pierce, 1994, “Towards the Reconstruction of Agriculture: Paths of Change and Adjustment”. *Professional Geographer* 46 (2); O. Wilson & G. Wilson, 1997, “Common Cause of Common Concern? The Role of Common Lands in the Post-productivist Countryside”. *Area* 29 (1); G. Wilson, 2001, “From Productivism to Postproductivism... and Back Again? Exploring the (Un) changed Natural and Mental Landscapes of European Agriculture”. *Transactions of the Institute of British Geographers NS* 26; N. Evans, C. Morris & M. Winter, 2002, “Conceptualizing Agriculture: A Critique of Post-productivism as the New Orthodoxy”. *Progress in Human Geography* 26 (3); N. Ward (eds.), 2008, “Productivism, Post-Productivism and European Agricultural Reform: The Case of Sugar”. *Sociologia Ruralis* 48 (2)。

② B. Ilbery, 1998, “From Agricultural Productivism to Post-productivism”. In B. Ilbery (ed.), *The Geography of Rural Change*. London: Longman, pp. 56-59.

③ K. Halfacree, 2006, “From Dropping Out to Leading On? British Counter-cultural Back-to-the-land in a Changing Rurality”. *Progress in Human Geography* 30 (3).

潜在多样化。[①] 后者主要是指反城市化和对乡村田园生活的诉求，使乡村生产主义备显粗鄙。按哈尔法克里说法，生产主义乡村被迫面对新问题：第一，农业行为被迫调整，需要处理过剩与过度生产、公共环境烂摊子等问题；第二，农民及其乡村家庭生活日益滋生不确定性、不安全感，出现较普遍的负债和萧条，甚至自杀；第三，乡村的正式表征难以再由生产主义支配。[②]

现代农业生产除了集约化之外，本来就有其他选择。80 年代后期开始的所谓农业后生产主义阶段，主要特征则是与农业生产主义时期的集中化、专业化相反的分散化、延伸化、多样化发展新趋势。[③] “后生产主义乡村”论者强调，农业转型的多样化特征延伸或溢出了农业部门之外，引发的是“后生产乡村”。[④] 后生产乡村就其形成的“分化的模式”言，包括了保护性村庄、竞争性村庄、家长制村庄和

① I. R. Bowler, 1992a, “Sustainable Agriculture as an Alternative Path of Farm Business Development”. In I. Bowler, C. Bryant, M. Nellis (eds.), *Contemporary rural Systems in Transition, Volume 1, Agriculture and Environment.* Wallingford: CAB International, pp. 237—253.

② K. Halfacree, 2006, “Rural Space: Constructing a Three-fold Architecture”. In P. Cloke (ed.), *Handbook of Rural Studies.* London: Sage, pp. 44—62.

③ 鲍勒的分类如表所示：

集约化	1. 传统生产和服务基础上的农场商业工业化发展模式 2. 把农场资源调换到新农业产品或服务上（农业多样化）
多样化	3. 把农场资源调换到新的非农业产品或服务上（结构多样化） 4. 人力资源调换到一种离开农场的工作
延伸化	5. 传统农场生产和服务的保护，减少资本输入 6. 休闲或兼职农业

（来源：I. R. Bowler, 1992b, “The Industrialisation of Agriculture”. In I. R. Bowler (ed.), *The Geography of Agriculture in Developed Market Economies.* Harlow: Longman.）

④ 哈尔法克里多次提到这个概念 [K. Halfacree, 1997, “Contrasting Roles for the Post-productivist Countryside”. In P. Cloke & J. Little (eds.), *Contested Countryside Cultures.* London: Routledge; K. Halfacree, 1998, “Neo-tribes, Migration and the Post-productivist Countryside”. In P. Boyle & K. Halfacree (eds.), *Migration into Rural Areas: Theories and Issues.* Chichester: Wiley; K. Halfacree, 1999, “A New Space or Spatial Effacement? Alternative Futures for the Post-productivist Country-side”. In N. Walford, J. Everitt & D. Napton (eds.), *Reshaping the Country-side: Perceptions and Processes of Rural Change.* Wallingford: CAB International]。

代理人村庄等类型。[①] 但是，这些类型都具有乡村商品化过程，几乎都有明显的“去农业”趋势。之所以使用后生产主义乡村概念去涵盖，一方面可以体现超生产主义、消费田园、退隐乡村性等激进的空间想象；另一方面可以用一个打包式概念包容各种多功能性村庄、多样化村庄，诸如退休人员的乡村、假日乡村（夏季乡村）或休闲、兼职农场等。这个概念和倾向受到不少研究者的追随，用以强调发达国家的乡村（农业）已经实现转变或转型。一些研究者把它作为一项事实而展开过程分析，例如，霍姆斯认为澳大利亚牧场的后产生转变已经赶上西欧的速度，只是在变迁的动力、参与者、过程和成效上有所不同；[②] 弗罗伊桑达等人用案例来描述农村商品化发展的过程，并分析这一过程中的主导力量。[③] 乡村转型在很多地方经常被报道已经发生或正在发生，比如英国式的后生产性村庄转型，美国式的工业化村庄转型等。20 世纪 90 年代以后发展中国家的乡村也开始被视为进入了这种转型，有些研究乐观地认为非洲、拉丁美洲和亚洲的乡村“去农业化（de-agrarianisation）”是真实的。[④]

“后生产性”还被运用到一些政策选择研究上。不过，叙述后生产主义乡村的文献似乎既没有说清楚“分化的乡村”类型各自最关

① 保护性的村庄是指反发展和保护主义态度占主流的地区，中产阶级压力群体积极活动，发挥影响力的地方；竞争性村庄是指超出主要通勤地区的地方，由本地农业和小企业利益群体控制，但日益受到迁移进来的人的影响；家长制村庄是指由大的私人土地拥有者或大农场控制的地区，其所有者感到有某些与权利相应的义务；代理人村庄则是指一些农业生产主义仍为主流的偏远地区，但是这些地方极其依赖外部财政，如欧盟的货币［T. Marsden, 1998, “New Rural Territories: Regulating the Differentiated Rural Spaces”. *Journal of Rural Studies* 14 (1); J. Murdoch, P. Lowe, N. Ward & T. Marsden 2003, *The Differentiated Countryside*. London: Routledge］。

② J. Holmes, 2002, “Diversity and Change in Australia's Rangelands: A Post-Productivist Transition with a Difference?” *Transactions of the Institute of British Geographers. New Series* 27 (3).

③ Arnt Fløysanda, & Stig-Erik Jakobsen, 2007, “Commodification of Rural Places: A Narrative of Social Fields, Rural Development, and Football”. *Journal of Rural Studies* 23 (2).

④ J. Rigg & M. Ritchi, 2002, “Production, Consumption and Imagination in Rural Thailand”. *Journal of Rural Studies* 18 (3).

键的社会构成是什么，也提不出乡村改良的整合性方案。① 而且客观说来，本来用于农业变迁研究的生产主义/后生产主义的分析框架是否可以直接用于讨论乡村转型，从一开始就可能是需要商榷的。所以，另一些研究者质疑这个基于英国中心视角的二元概念能否广泛地适用于欧洲或其他地方。有的批评指出，乡村地区从生产地带到消费场所的转型讨论集中在发达国家，发展中国家的去农业化只是偶然被提及；实际上即使是北欧、北美、南欧、澳大利亚、日本这些地区，甚至还够不上完全的生产主义。霍格特等人则批评英国乡村的“后生产”景象根本就没有表述和论证清楚；② 研究西班牙乡村发展，也可以发现有关乡村从一种形态到另一种形态的转型分析，对理解西班牙的情况几乎没有帮助。③ 总的说来，较温和的批评者更愿意“地方化”（territorialization）地看待生产主义和后生产主义，即强调乡村多样化，认为大多数乡村社会位于生产主义/后生产主义的连续谱中，或者说生产主义和后生产主义的行为和概念在乡村是多维共存的。④ 比较激烈的批评者则声称：后生产主义本身就是一个有争议的概念，看起来更像是一个“神话”、一个死胡同。⑤

三 对乡村转型论的反批评

一般而言，研究和提出乡村社会转型理论，在本意上是要强调对

① P. Lowe, J. Murdoch, T. Marsden, R. Munton & A. Flynn, 1993, “Regulating the New Rural Spaces: The Uneven Development of Land”. *Journal of Rural Studies* 9 (2).

② K. Hoggart & A. Paniagua, 2001, “What Rural Restructuring?” *Journal of Rural Studies* 17 (1).

③ K. Hoggart & A. Paniagua 2001, “The Restructuring of Rural Spain”. *Journal of Rural Studies* 17 (1).

④ G. Wilson, 2001, “From Productivism to Postproductivism... and Back Again? Exploring the (Un) changed Natural and Mental Landscapes of European Agriculture”. *Transactions of the Institute of British Geographers NS* 26.

⑤ C. Morris & N. Evans, 1999, “Research on the Geography of Agricultural Change: Redundant or Revitalized?” *Area* 31 (3); N. Evans, C. Morris & M. Winter, 2002, “Conceptualizing Agriculture: A Critique of Post-productivism as the New Orthodoxy”. *Progress in Human Geography* 26 (3).

乡村变化作出整体分析。这种意识的核心是强调认识变迁的因果要素的多重性，以及同样的要素在不同地方以不同方式发生关联；在研究应用方面，则从政府规划和政策目标导向上提供可操作建议，比如乡村性指标体系。但是，社会转型研究在习惯上会被更多用于强调社会结构和事实在变迁中发生的质性根本改变；社会转型概念的使用者还往往容易把变迁理解为转型，在研究应用方面则相应寻求社会标准的彻底改造。所以，霍格特就认为，在前述关于乡村从实体到建构、从生产主义到后生产主义的转型阐述中，存在着不当使用“转型”这个词的趋势，① 把属于变迁的现象视为转型现象，或者夸大变迁现象的属性与程度。在不少批评者看来，前述转型理论关于乡村转型的现象、特征或趋势的讨论，至少需要特别反省关于去农业化、去社区化是否强调得过分而不科学；如果在价值关联意义上予以认同，那更有一个在政治上、伦理上是否正当的问题。

（一）去农业化

很多文献在讨论乡村功能要素的重新配置时，都注意到了农村社会变迁中出现的农业与农村社区经济、社会去耦化的表现与特征。② 前述所谓“后农业”“后生产性乡村”“消费乡村”等概念，都是力图把发达市场经济下的乡村人口变化阐释为农业—社区的耦合不再存在，乡村日益成为一个为非乡村居民提供市场产品和服务的角色，农村社区将会在自然意义上以及社会意义上重新形构，以符合消费乡村资源者的想象和认同。

一些批评者对此不以为然。沃德等认为，整个 90 年代乡村社会科学有一个非常明显的趋向，就是农业和食品研究的去社会化、去乡村化，对食品消费动力的重要性和本地乡村社会构成的重要性之间的

---

① 按照霍格特说法，所谓乡村转型作为一种分析方式应该强调对变化过程的整体分析，是对乡村变化特质的综合描述。[K. Hoggart & A. Paniagua, 2001, “What Rural Restructuring?” *Journal of Rural Studies* 17 (1)]

② J. Smithers, A. E. Joseph & M. Armstrong, 2005, “Across the Divide: Reconciling Farmland Town Views of Agriculture-community Linkages”. *Journal of Rural Studies* 21 (3).

相关性却缺乏说明。[①] 埃文斯等人则批评生产主义/后生产主义乡村转型理论在概念上做文章，反复对一个明显状况到另一个明显状况的变迁作二元概括。[②] 强调农村与农业的脱离和矛盾而不是两者的相容性，更多显示了研究者自己把农业发展孤立于乡村社会之外的理论倾向和问题。[③] 从一定程度上看，它恰恰表明现代主义对乡村和农业这一对古老关系是认识模糊的，甚至是回避的；而后续出现的乡村研究也仍然是分裂的，要么集中在农业研究，要么集中在乡村，一贯忽视二者之间一直延续的、内在的联系，以及正在形成的新链接关系。真正有必要的是弄清楚哪些地方传统的链接减弱了，哪些地方已有的链接得以维持，以及哪些地方农业和乡村之间正在建立起新联系；这在理论视角上必然要自觉超越农业研究和乡村研究的二元分离。[④] 在研究姿态上，面对发达资本主义社会的乡村地区多样化变迁，乡村社会科学家要努力提供普遍性的经验和知识，而不是简单提供一种矛盾的、概念化模式。[⑤] 从建设性角度看，这些批评大致共同表达了三个观点，即观察乡村变迁需要充分注意到：第一，农业作为一种经济方式，必然是嵌入乡村地区的结构安排中的，反过来说，乡村必然被农业生产的社会关系历史所支配；第二，农业仍旧是一种重要的社会和意识形态类型，仍旧可以通过确立它的政治地位而构造乡村经济发展，实现农业对乡村土地的垄断性支配；第三，随着农业生产作用的减弱，乡

① N. Ward, P. Jackson, P. Russell & K. Wilkinson, 2008, "Productivism, Post-Productivism and European Agri-cultural Reform: The Case of Sugar". *Sociologia Ruralis* 48 (2).

② 作者认为近年兴起的农业变迁的文化解释和生态现代化理论作为二元框架的替代性社会理论传递了更大的分析力，能促进地理学研究的进一步发展。[N. Evans, C. Morris & M. Winter 2002, "Conceptualizing Agriculture: A Critique of Post-productivism as the New Orthodoxy." *Progress in Human Geography* 26 (3)]

③ T. Marsden, 1999, "Rural Futures: The Consumption Countryside and its Regulation". *Sociologia Ruralis*39(4).

④ W. Friedland, 2002, "Agriculture and Rurality: Beginning the 'Final Separation'?" *Rural Sociology* 67 (3).

⑤ J. Smithers, A. E. Joseph & M. Armstrong, 2005, "Across the Divide: Reconciling Farmland Town Views of Agriculture - community Linkages". *Journal of Rural Studies* 21 (3).

村空间的社会功能正在被重新定义，但这并不能说明乡村和农业的分离，相反，乡村社会科学的研究需要对此作出恰当回应。

（二）去社区化

在乡村研究中，“社区”和“乡村”一样是个需要讨论的概念。通常认为，自滕尼斯提出社区与社会的分类之后，社会学家大致在三种意义上使用社区概念：第一种方式，社区是指一个地方，其中群体成员之间相互影响；第二种方式，社区被看成是一种社会体系，[①] 一个或一群人满足他们需要的组织；第三种方式是用社区来描述群体（可能在、也可能不在同一个地理空间）有共同的认同感。[②] 全球化、城乡连通性以及随着收入分配体系而发生的生活方式变迁，使得传统乡村社区的要素日益分离、传统共同体价值衰微、社区丧失或衰退，渐成社会科学中的一般判断。[③] 在乡村研究方面，保罗率先否定了乡村社区研究方法的有效性，他认为把社区关系打包进一个特别的地理性范式是一个“无法理解的、没有任何意义的行为”，应该考虑人们所属的更大社会的本质。[④] 扬则明确提出用差异政治学（politics of difference）来取代社区，因为社区忽视了异质性。[⑤] 乡村转型论者虽然认同乡村是某种有非城市特性的地理空间，但是坚持认为乡村“去农业化”已经同步产生明显的“去社区化”，比如很多乡村企业股份的持有者并不认为、也并不显示自己属于乡村地区或者社区；郊区别

① 布莱登从两个方面定义社区：社区是一个利益社区，像农民联合会；或者是实体和社会社区，例如村落、城镇。实体社区通常分享普遍的社区利益，换句话说，村落人口和当地农民联合会有着同样的目标和抱负。为了避免这种比较带来麻烦，布莱登提出，更好的社区定义是“本地社会体系”（local social system），它意味着一种横向（内部—地方性）的链接［J. R. Bryden，1994，“Some Preliminary Perspectives on Sustainable Rural Communities”. In J. Bryden（ed.），*Towards Sustainable Rural Communities：The Guelph Seminar Series. University School of Rural Planning and Development*. Canada：Guelph.］。

② C. Flora，2004，*Rural Communities：Legacy and Change*. Oxford：Westview. p. 467.

③ D. Lee & H. Newby 1983，*The Problem of Sociology*. London：Hutchinson.

④ H. Paul，1966，“The Rural Urban Continuum”. *Sociologia Ruralis* 6（2）. p. 53.

⑤ I. M. Young，1990，*Justice and the Politics of Difference*. Princeton，NJ：Priceton University Press. pp. 227 – 228.

墅的主人只是在周末和夏天住在乡村而已。[1] 洛韦甚至认为中产阶级搬到乡村虽然是为了寻求一个特定的社区模式，但这是一种对传统社区模式的拙劣模仿，是“文明的后退”。[2]

不过，面对全球化发展而产生的经济、社会不安全，其他一些评论家则呼吁为寻求稳定、安全而回到地方主义，并且重新重视和定义社区。[3] 例如，戴回应对社区的批评说，尽管当前的乡村社区有着明显的断裂、异质性，它仍旧是一个有效概念，只不过需要把社区是什么和我们希望社区是什么的信念区分开来。[4] 在乡村研究界，菲鲁塞思比较温和地辩论说，乡村仍然和地理、社区概念的关系非常密切，把这两个定义放在一起意味着在乡村地区（农业）和社区（小镇）之间的一种社会协同。[5]

总的看来，关于去农业化、去社区化的批评是自觉要求把乡村转型研究从二元对立、从一极到另一极转型的概念中转移出来，并试图扭转现代主义乡村研究下的农业政治经济学和乡村转型各自的视角，发展乡村变迁研究的“第三条道路”，把纵向的国际农业体系重构和横向的乡村社区变迁两股力量、两种视角综合起来，形成默多克所谓的乡村发展纵向和横向网络研究新范式。[6] 这种努力从一方面看来是

---

① M. Shucksmith, 1993, “Farm Household Behavior and the Transition to Post-productivism”. *Journal of Agricultural Economic* 44 (4).

② 不过，文化转向过程中，也有一些后结构主义者也倾向于把社区当成一个更加复杂的、有时候是流动的概念。（P. Lowe, J. Murdoch & G. Cox 1995, “A Civilized Retreat? Anti-urbanism, Rurality and the Making of an Anglo-centric Culture”. In P. Healey (ed.), *Managing Cities: The New Urban Context*. London: Wiley）

③ G. Delanty, 2009, *Community*. London: Routledge. p. 48.

④ G. Day, 2006, *Community and Everyday Life*. London and New York: Routledge. p. 67.

⑤ J. Furuseth & M. B. Lapping (eds.), 1999, *Contested Countryside: The Rural Urban Fringe in North America*. Brookfield: Ashgate Publishing Co.. pp. 7 – 32.

⑥ J. Murdoch, 2000, “Networks-a New Paradigm of Rural Development?” *Journal of Rural Studies* 16 (4).

软弱乏力的，因为乡村变迁议题显然需要从全球化角度把握，[①] 而全球化并不仅仅使发展中国家乡村显得软弱无力，[②] 对发达国家乡村也有某种瓦解性影响。早期影响主要涉及第一产业，如乡村成为自然资源的输出地、国外劳动力的输入地，金融资本对乡村农业的影响日益重要；[③] 接着是乡村工业经济与初级产业商品经济的分离，生产和就业的分离，以及资本流动取代贸易成为经济的驱动力；[④] 近期则是转型论者所发现的全球农业体系重构带来的乡村社区自然资源的文化转向，人们以消费主义去定位自然资源和乡村的价值。但是从另一方面看，这种努力多少揭示了另一个事实，即全球化下的乡村并非只有衰朽宿命。这不仅是因为田园生活期望似乎总是深植于乡村居民的知识中，并被中产阶级和其他群体不断创造、建构，扮演了现代性的避难所；更是因为乡村在当今社会仍旧承担着无可替代的基本功能：保证食品供给和安全、自然资源保护、屏护文化多样性等。所以，在实践上乡村的居民、群体和社区有理由对社会经济变迁作出积极的回应；地方性的、部门性的政策选择也会在乡村社区变迁中发挥重要的调节功能。在此意义上说，对乡村转型论特别是其去农业化、去社区化观点的批判，似乎是要激励乡村摆脱被动适应全球化，通过自身发展而实现反控制。

站在国内农村社会学以及农村研究角度说，欧美国家乡村转型研究应该引起一些一般性触动。例如，90 年代以来发达国家一直在反思大规模城市化的发展模式，试图重新定义乡村存在的意义以及乡村的未来，对中国这样的后发现代化国家而言，这已经不是什么未雨绸

① 2012 年 8 月 12—15 日，在亚特兰大召开的美国乡村社会学会（RSS）第 73 届年会的主题为：How Flat is Rural? Diversity in the Age of Globalization，目的就是要准确把握全球化时代的乡村地区的地位问题。

② J. Stiglitz, 2002, *Globalization and Its Discontents*. New York and London: W. W. Norton and Company. pp. 247 - 248.

③ M. Woods, 2005, *Rural Geography: Processes, Responses and Experiences in Rural Restructuring*. London: Sage. pp. 163 - 165.

④ C. Flora, 2004, *Rural Communities: Legacy and Change*. Oxford: Westview. pp. 124 - 126.

缪的问题；所提出的从生产主义乡村到后生产主义乡村的乡村转型框架及其强调乡村的后现代、文化转向的发展趋势，虽然可能有失偏颇且有城市中心主义之嫌，但是至少表明：努力对复杂、具体、多样的乡村变迁现象作出抽象、质性的概括，不仅是乡村社会学或乡村社会科学研究的本分，而且也是在社会科学主流中“复兴”乡村研究的必需功课。

除此之外，在笔者看来还应该捕捉到另一些更具体的触动。例如，我们经常讨论的乡村转型与村庄转型，日常经验也经常呈现农村或乡村的巨大变迁，可是究竟怎么看待乡村转型研究？

首先，关于乡村转型的内涵。如果把转型主要理解为一种社会组织到另一种社会组织的质变，那么乡村转型究竟是指从哪里转到哪里？流行的从“生产主义乡村”到“后生产主义乡村”的转型，说到底是把转型前的乡村性质或村庄性质描述成农业与乡村耦合，乡村的核心就是农业生产；把转型乡村描述成传统农业生产功能在工业主义、消费主义蔓延过程中慢慢地被取代，乡村社会性质相应地发生了从生产性到后生产性的质变。这到底是不是真实的描述？是不是普遍趋势？客观说来，“后生产主义乡村”在英美乡村研究圈至今还是停留在泛指乡村担负了消费、生态、休闲等新角色和功能，内涵并没有得到细致说明。至于后生产主义乡村的类型，大多数研究都直接引用马斯登所谓“分化的乡村”的四种理想类型，即（1）保存的乡村，仅提供休闲产业以及住宅的开发；（2）竞争的乡村，主要指大都市圈的通勤区，新旧居民往往对该地区发展有不同意见；（3）世袭的领地，指大片的私人土地与农庄；（4）依附的乡村，包括发展迟缓地区或其他缺乏开发条件的偏远乡村地区。① 而这四种分化类型实际上主要基于对英国乡村的观察，严格说只是区域性现象。所以，农村或乡村转型的恰当抽象及其概念涵盖力至今还是一个成型度欠高的严峻论题。

① T. Marsden，1998，“New Rural Territories：Regulating the Differentiated Rural Spaces”. *Journal of Rural Studies* 14（1）.

其次是关于乡村转型机制问题。马斯登曾提出从生产—消费关系、社会关系与社会行动、制度与权利的社会性构建等几个方面来考察，克洛克和古德温曾提出以规制理论为基础，从经济变迁（economic change）、社会文化重组（socio-cultural recomposition），以及国家角色的再设计（re-engineering the role of the state）三个维度来评估转型，两者意图差不多①——内地更常使用的语言就是乡村转型的市场、国家和社会变迁机制。大多转型机制研究文献大致都不反对采取国家、市场、社会三位一体的研究框架，主要是因为这不仅可以容纳乡村变迁或转型过程中出现的新特点，例如利益复合性、合作、统治网络、地方政府权威、责任和功能、角色重组等，更主要的是它有利于表达一些重要观点：（1）乡村的不均等发展类型背后包含着市场、利益与网络关系（地方与地方）的重新组合；（2）不同的乡村发展模式代表着不同的资源组合与配置，同时也包含不同的商品化过程；（3）不同经济关系的重组是镶嵌在不同地方的社会、政治等条件之下的。简言之，分殊化的乡村类型就是不同的地方制度、市场化与社会网络关系的重组，而形成再区域化、重组地方间的关系网络的过程；（4）乡村区域化的转型并不再是一个地理邻近性的概念，而是由国家经过区域再到地方进行控制与分工的过程，等等。在笔者感受上，使用这类复合机制解释乡村转型应该比使用单一机制来得更为科学、有效；妥善运用，有可能更好理解各种复杂的农村变迁现象与过程，并审定价值立场和政策选择，例如，广大乡村地区是否必定在资本主义生产消费模式弥散过程中渐次同化为实质上的城市社会，新兴国家或后发展国家的农村社区究竟是否需要并且可能通过农村和城市的中间形态，诸如社区水平上的城乡衔接，而顺利实现转型或实现复兴，等等。

① P. Cloke & M. Goodwin, 1992, "Conceptualizing Countryside Change: From Post-Fordism to Rural Structured Coherence". *Transactions of the Institute of British Geographers* 17 (4).

第四章　中国农村社区建设与城乡社区衔接初步

本章提要：社区概念之于我国是一个舶来品；在社区实践上，发达国家的社区政治单元功能、社区的社会要素、社区的联结方式等仍然处在不断被发现的过程中。中国对社区建设边理解边实践的特征更为突出，并且自然沿用了以往基层社会建设的基本经验。因此，当中国农村从村庄建设踏入社区建设阶段并争取城乡社区衔接的前景时，首先会在捕捉社区价值发现、选择社区性质、确定和控制社区建设中的政府机制和社会机制等方面，面临一些一般性困难。其次，中国农村社区建设起源于把城市社区建设向农村地区拓展和延伸，政府推动的重点放在把城市社区管理与服务理念与方式移植到农村，依托农村社区公共服务中心（站、点）建设，推进基本公共服务均等化以便有所扭转仍在扩大的城乡差距。就朝着城乡社区衔接的方向推进农村社区建设的议题而言，有利的一面是现有路径和工作与城乡社区衔接有一些天然一致的内容；不利的一面是用于移植的社区制度在本身没有完全调整定型的情况下，复处在与以双层经营和村民自治为特色的现有村庄制度的嫁接状态中，是应该让两种制度相互嵌入，还是应该以社区制度整合农村社会并且重构农村社会与国家的关系，越来越成为亟待确定的议题。此外，在城市化城镇化加速的背景下，地方政府整理农村土地和经营土地财政的持续冲动，还从外部增加了城乡社区衔接方向和方式的不确定性，以对农村农民还权还利的方式还是以分利争利的方式推进城乡社区衔接，构成了两种对立方案。

发达国家和地区社区、农村社区的价值处在不断被发现的过程中。我国的农村社区建设起步不久，能否和如何通过农村社区建设、城乡社区衔接而有效缩减甚至消除城乡二元体制，依然是待解之题。国家在农村社区价值定位、制度供给、外部条件这三个问题上的认识和抉择，将直接决定今后城乡社区衔接能否和如何实现。本章讨论我国社区建设的新传统、农村社区建设的历程及其面临的主要问题。

第一节　中国社区建设的新传统

如何定位城乡社区衔接的价值包含了如何定位社区价值和如何定位农村社区价值两个部分，前者对后者有直接的限定性影响。客观说来，社区价值发现至今仍在一个纵向拓展的过程中；在形态与性质上又相对表现为社会学知识、政府认知及其相应政策选择以及一般的公众感知与需求。就中国最近十几年来经历的城市社区建设、最近较快推进的农村社区建设看，其他国家和地区对于社区和农村社区的价值发现，有些比较容易引起研究者和政策部门的共同重视，有些可能被特别强调，而有些则比较容易被忽视。在这方面，中国以往建设城乡基层社会的丰厚经验构成了强大影响。

一　社区内涵与特征：社会学的发现

对于城乡社区的价值认知的困难，部分来自社区本来就是古典社会学家对比传统社会与现代社会结合方式而使用的、充满分歧的新概念，对于中国更是一个舶来术语。在古典社会学中，相对于社会，社区（共同体）被视为社会成员的自然而然的联结、团结方式，但是对于社区主要基于地域、地位的一致性还是基于情感、文化的一致性，是有分歧的。滕尼斯最早从类型学和社会变迁角度提出社区与社会这一对概念："共同体是持久和真正的共同生活，社会只不过是一种暂时的和表面的共同生活。因此，共同体本身应该被理解为一种生机勃勃的有机体，而社会应该被理解为一种机械的聚合和人工制品。”① 原因是社区具有血缘、地缘、亲缘和共同生活的天然属性，体现了“本质意志”，是一个有机的整体；它既可以是同一类属的社会群体，如家族、宗族、部落等，也可以是其他地方性的共同体，后者也具有共同的信仰、生活习性、面对面的互动，甚至是相同的生产特性，构成“生产生活共同体”。而社会则是由“选择意志”联合起来的，这种选择意志的表现方式为权力、法律、制度的观念等，所以社会是一种机械的合成体。滕尼斯本人强调社区与社会只是类型概念，两者作为实体往往相互渗透；不过作为类型概念仍然可以被用于指陈从中世纪向现代的社会变迁，即从“共同体”时代迈向“社会”时代。

有一些社会学家如鲍曼强调滕尼斯的共同体特征是：共同体的团结由情感的“共同理解”所保证，而所谓共同理解则基于社会成员的“同质性”（homogeneity）和“共同性”（sameness）②。其实，清晰强调这一点的是涂尔干。在《社会分工论》中，涂尔干提出了两种类型的社会，即机械团结的社会和有机团结的社会，分别对应滕尼斯所说的共同体和社会，而且这种划分同样可用来指陈社会变迁。在涂尔干看来，机械团结的社会是“同质的社会”，同一团体的成员们采用同样的谋生手段，拥有同样的习俗和信奉同一图腾，这种共同性使他们意识到大家同属一个群体，即由同质性而构成共同意识和一致性；有机团结的社会则依靠分工使得人们的消费和生活相互依赖，分工使得社会像有机体一样，每个成员都为社会整体服务，都不能脱离整体。机械团结的社会主要对应文明程度较低的农业社会，而有机团结的社会主要对应的是工商业社会。在传统农业社会中，尤其是在乡村地区，大家都从事农业生产，社会阶层较为单一，小农生产的同质

① ［德］斐迪南·滕尼斯：《共同体与社会》，林荣远译，商务印书馆 1999 年版，第 54 页。

② ［英］齐格蒙特·鲍曼：《共同体》，欧阳景根译，江苏人民出版社 2003 年版，第 5—9 页。

性和共同生活经历使得他们志趣较为相似，从而能够形成社会群体的“生产生活共同体”，具有很强的群体团结意识。不过，这种地域性社群共同体的理想模型必定是小的和自给自足的。小，才能使它成为所有成员眼里的一切；自给自足，才能向共同体内的人提供所有的或多数的活动和需要。[①] 反过来说，大的、非自给自足就会产生交易系统与分工，进而带来同质性的瓦解。因此，社会学家不能不发现，对于现代社会而言地域性社群共同体就只能是一种过去的天堂。[②]

韦伯则发现另一条社群共同体的形成路径和研究路径，即舍弃从客观结合方式看社区，而以参与者的主观感受来定义社区。他说：“在个别场合内，平均状况下或者纯粹模式里，如果而且只要社会行为取向的基础，是参与者主观感受到的（情感的或传统的）共同属于一个整体的感觉，这时的社会，就应当成为‘共同体’。如果而且只要社会行为取向的基础，是理性（价值理性或目的理性）驱动的利益平衡，或者理性驱动的利益联系，这时的社会联系，就应当成为‘社会’。”[③] 这样，共同体就变成了具有亲切的、紧密的社群意识的社会群体，既包括拥有地域特征的社区组织，更多的是包括种族、族群、民族国家、拥有共同地位、观念、身份或职业的社会群体或社会团体，甚至各种想象的共同体或者虚拟的共同体。换句话说：“一个群体之所以成为一个族群，并不是由于它可以被测量的或被观察到的区别于其他族群的差异程度，相反，这是因为在群体内和群体外的人都认为它是一个族群；群体内和群体外的人们的语言、感觉和行为让它看起来就像是一个独立的群体。”[④]

---

① Robert Redfield，1971. *The Little Community，and Peasant society and Culture.* Chicago：University of Chicago Press，p. 4.

② Michael Humphrey，2012，“Community as Social Metaphor：The Need for a Genealogy of Social Collectivities”，Edited by Devorah Kalekin-Fishman and Ann Denis，*The Shape of Sociology for the 21st Century*，Sage Publications Ltd.

③ ［德］马克斯·韦伯：《社会学的基本概念》，顾忠华译，上海人民出版社 2000 年版，第 62 页。

④ Everett C. Hughes，and Helen M. Hughes. 1952. *Where Peoples Meet：Racial and Ethnic Frontiers.* Glencoe：Free Press.

两类判断中的前一种，即作为一种地域性的社区概念，曾在20世纪20—30年代芝加哥大学一批学者的城市生态学社区研究中大放异彩，一举奠定城市社会学的研究范式。① 芝加哥学派沿着社会的地区分析与因素生态学展开一系列研究，以地域性和在此基础上产生的互动、交往和情感归属三大要素分析，最终确立了地域社区的经典意义。② 而前述两类判断中的后一类，在60年代系统理论在社区层面的应用中也得到强化。它强调社区应该主要作为一个互动的领域，不论地域社区还是非地域社区。③ 后来还有一些社会学的社区研究则试图实现综合定义。例如博切（Butcher）提出，作为联结性的社区应被定义为有三个核心要素：作为一种特定的组织社会关系的方式、作为

---

① 城市生态学把自然地区或社区作为最基本的分析单位，把社区概念引入城市，而又不是指滕尼斯、涂尔干等人所强调的传统村落单位。它既可以是上流社会或一般居民的居住区，也可以是一个自然地区，还可以指整个芝加哥城市，研究关注点则是对整个区位的社会关系的解读。如帕克使用自然地区这一概念作为社区研究的基本分析单位，他认为自然地区是自然竞争作用的产物，“不仅告诉我们关于任何特定地区的情况，事实是什么，而且只要他们具有一个地区自然和典型的特征，他们就能建立一种关于相同类型的其他地区的假设”（Robert E. Park，1952. *Human Community*. New York：The Free Press）。沃斯则从人口规模、密度和异质性的构成来解释城市作为一个“类社会”的生活方式。［Louis Wirth，1938. “Urbanism as a Way of Life”，*American Journal of Sociology*，44（1）］

② 之后的一些社会学家大都采用这一功能定义，并就区位生态学作了一些改进，如美国哈利、贝瑞和肯萨德、菲利普斯、波普诺、日本的横山宁夫等。哈利认为，社区内当地人口适应环境时，互相依赖的生态学系统在不同群体和组织间得到发展，由此“相互依赖”应成为生态学的主要原因（Amos Hawley，1950. *Human Ecology*. New York：Ronald Press）。贝瑞和肯萨德认为，可以运用因素分析来作社区研究，并指出社会经济状况、家庭情况、种族、居住迁徙和人口与功能规模5个因素可以解释美国社区的许多变化或不同。（Berry & Kasarda，1977. *Contemporary Urban Ecology*. New York：Macmillan）

③ 例如，威利斯·萨顿认为，社区性取决于以下三个维度：行动与当地性有关、角色由当地性所认可和当地人的参与。（转引自 Larry Lyon，1989. *The community in Urban Society*，Waveland Press）鲁宾认为，居住地、乡镇和城市已停止作为工业社会的流动人口的有意义的身份的聚焦，已看不出承受地域元素的概念，社区可以看成个体连接到更大的社会互动中，如宗教群体、职业群体或者其他组织中。（Rubin Israel，1969. “Function and Structure of Community：Conceptual and Theoretical Analysis”，*International Review of Community Development*，21 -22）

一种社交方式与社会认同的总体质量，承担互动的能力。① 这样的联结既可以是基于地域所形成的惯习、经历和想象，也可以是不基于特定地域而形成的各种分享经历、权利与责任、意义及其观念的关系网络，如劳工共同体、中产阶层共同体、各种职业共同体、趣缘共同体等，甚至是安德森所谓“想象的共同体”——民族国家。但是作为共同体的显著特征还是同质性。在前现代社会，同质性基本上是全方位和一元化的，如共同的职业、生活经历、共有信仰和习惯基础；而在现代社会，同质性逐渐从全方位变成“某方位”，或基于信仰、信念、职业类同或者趣缘等一个主轴。②

现在回头看，社会学的社区知识或理论虽然争议繁复，但至少具有一个功能；它足以提醒社区建设实践者需要重视一个基本问题：任何对社区的良性投入都必定是首先基于和有利于社区成员自觉自愿的团结感、共同感、可分享性。在实践上，重要的并不是社区一定要符合社会学家的定义偏好，而是在于没有或者较少包含被社会学家所揭示的这种特质的社区，无论在城在乡，纵然被命名为社区，也一定不太能够吻合和满足人们对社区的需求。③

---

① H. Butcher，1993. “Introduction”，in H. Butcher，A. Glen，P. Henderson，and J. Smith（eds.）*Community and Public Policy*，London：Pluto Press.

② 有些研究者同时强调地域社区总的在现代性的影响下逐渐弱化，市场、社会、国家及其全球化的影响逐渐消除了它的“密封性”（密封性可以通过对外界的排斥来建立自我和认同），人们越来越与外部世界发生关联；不过，作为一种组织或者更小的邻里群体等共同体却还是在现代社会得以存在和发展。（D. Robertson, J. Smyth and I. McIntosh, 2008. *Neighbourhood identity*: *People*, *Time and Place*, York: Joseph Rowntree Foundation）在这种情况下，苏默维（Somervill）提醒说，重要的是区分共同体概念中的边界性（Boundedness）与联结性（Bondedness），他认为联结性是共同体的本质，而边界性是用来处理共同体内外关系的。（Peter Somerville，2011. *Understanding Community*：*Politics*，*Policy and Practice*，London：The Policy Press. p. 29）

③ 社区、共同体在英文中是同一个词（community）。1933 年帕克访华，产生相当的学术影响，费孝通等一批青年学生开始引入这一概念，并用“社区”译共同体。芝加哥学派的社区分析则随着费老这一代学人在我国社会学研究上崛起，而成为我国社区研究的一个基本范式。（费孝通：《学术自述与反思》，生活·读书·新知三联书店 1996 年版，第 21 页）

二 作为政治单元的社区：政府的发现

可能让古典社会学家惊诧的、现代社区的政治单元色彩增加的新现象，与现代国家热衷于进入或迫近社区相关。依斯科特的观察，努力梳理清楚社会情况并强化政策、制度甚至行政等方式进入社会，是现代国家的一大特征；政府相信或者宣称“一个进步的民族国家要按照道德科学的先进标准操作社会……人工的、被操作的社会完全有可能被按照经过思考的、理性的和科学的标准设计，而不是习惯或历史偶然性的产物”。① 作为社会的基本构成样态之一，无论是作为地域性的社区还是组织性的社群社区都会为国家权力与权威所关注，都不能不成为国家治理社会的对象和内容。

最近的100多年间，即使在英美和欧洲的以社区自治为基本框架之地，政府出于通过社区解决社会问题的兴趣或发现，对社区的关注、介入和干预亦在持续增长之中，几乎都经历了从19世纪后半期到20世纪初，以自发社区组织来解决工业化带来的某些社会问题为导向的社区建设阶段（社会外在式的精英美德治理）；从20世纪10年代后尤其是30年代罗斯福新政到第二次世界大战后，政府在基础设施与财政方面的适度介入阶段（以效率为导向的职业化治理）；以及50—70年代及其后，政府全面迫近社区，侧重以法律规制的方式主导社区发展阶段（具有某种行政主导色彩的治理）。社区出于汲取外部资源的需要，也经常主动寻求或被动接受来自政府的财力、物力、智力输入。结果，这类社区也被一些研究者描绘为“政府迫近社区”的产物，以至于多少兼有政府划定社会单位以及自治性的居民日常群体生活单位这两种性质或成分。

这种情况意味着由于国家与社会相互交叉渗透的趋势极为突出，不管人们情愿不情愿，现代社区及其制度基本上要发生在国家与社会交集关系的背景下，或者本身就成为一个国家与社会的关系交集面或

① ［美］詹姆斯·C. 斯科特：《国家的视角》，王晓毅译，社会科学文献出版社2004年版，第121页。

交集点。社区为此面临从前没有过的新问题。用沃伦（Warren）对美国社区的形式化研究的表述，就是典型的自治社区也显著出现了垂直整合与水平整合及其关系问题。垂直整合是“社区不同的社会单位和子系统与社区外系统之间结构与功能的关系”，水平整合是“社区不同的社会单位和子系统相互之间的结构与功能的关系”。政府、公司渗入进入社区，会强化垂直整合模式，甚至促使社区内部出现对应外部系统的单位，如社区的教育机构会对应国家的教育部门，社群性的志愿协会对应国家协会，等等。沃伦发现，通常垂直整合与水平整合构成此消彼长的关系特征。①

如果对沃伦的形式化表述稍加扩充或改造，不难得到两个进一步的表述或发现：第一，在各种社区实践中出现的上述两种整合的配置差异，大致呈现为三类分布：在跟政府没有上下级关系的自治社区，社区的水平整合整体强于垂直整合；由政府实际直接管控的官治社区，属于垂直整合强于水平整合的类型，极端情况则是取代了水平整合；在采取半官半民治理的社区，则两种整合的强度大体相当。

第二，在垂直整合过程中会发生政府与社区的双向俘获倾向，即政府在向社区输入人力、物力、财力以及服务支持时，会诱发或迫使社区吻合或趋向政府的兴趣、偏好与意图；社区也能够在解决更多社会问题、替政府分劳的过程中，或游说、诱使政府作出有利于社区的选择，或将更多一些社会责任卸交政府直接负责。在逻辑上说，发生国家俘获社区，则社区的各种政治性增强，社区组织可能趋官僚机构

① 沃伦的水平与垂直整合及当地的功能（Roland Warren，1978. *The Community in America*. Chicago：Rand McNally and Company）：

当地性—相关功能	典型的社区单位	水平模式的典型单位	垂直模式的典型单位
生产—分配—消费	公司	商会	国家公司
社会化	公立学校	教育机构	国家教育部
社会控制	市政府（小型城镇）	市委员会	国家政府
社会参与	教堂	教堂委员会	教派团体
相互支持	志愿健康协会	社区福利委员会	国家健康协会

化；发生社区俘获国家，则社区作为自治层面或单元的色彩增强，社区内组织可能趋社会组织化的。但是在实践上，双方却未必一定乐见完全俘获对方。社区一端在此姑且不论，就政府而言，如果既想保持对社区的影响力，又不愿代替社区直接处理社会问题并且完全承担相应费用，通常就需要自我节制，努力争取某种中间状态，为此还需要坚守某些环节。例如，在采取社区自治制度的国家，政府通常会努力把自己控制在规制（相对于统治而言）者、资助者的角色上，突出表现为政府允许社区更多是自然形成或基于自然而形成的地区，而首先不是由政府设定的单位，因而社区的边界性可以有弹性；政府主要依托法律而不是行政去规制社区，在通过税收、司法、环境治理、社会服务等项目和政策进入社区产生影响的过程中，倾向于维持政府与社区的合作关系而不是对社区的垂直管控；对社区避免采取行政原则，而是突出服务原则，并把它与理性原则、责任原则、规模原则等并列为治理社区的基本原则①，等等。

三　作为“类社会化”的社区：大众社会的社区服务需求

除了跟政府关系更为交集之外，现代社区有别于古典社会学概念性社区的另一个显著特征是社区（主要是城市社区）在“自然”倾向上越来越成为单纯的集中居住区。这主要是因为现代社区内的流动性、异质性日益增加，熟人关系网络和共同习惯不断被非熟人关系和关系流动性所替代，信任由人格信任转为角色信任，地域性社区特别是相对封闭的社区满足人们各种需求的功能正在下降。

随之而来的是，社区内部的价值认同、社会资本、行为方式和集体动员能力降到相当低的程度，以至于出现“独自打保龄球”的社区衰落现状。② 一些研究者为此强调地域社区在社会科学研究中已经

---

① ［美］理查德·C. 博克斯：《公民治理：引领21世纪的美国社区》，孙柏瑛译，中国人民大学出版社2013年版，第14页；施雪华、孔凡义：《美国社区治理及其启示》，《山西大学学报》（哲学社会科学版）2008年第4期。

② ［美］罗伯特·帕特南：《独自打保龄球——美国社会资本的衰落与复兴》，刘波等译，北京大学出版社2011年版。

没有太大意义，而应使用大众社会的分析范式。

奇怪的是，帕森斯曾经提及的“类社会化社区”却有可能因此再次浮出水面，重现出它的启发性和分析适用性。“类社会化社区”的观点并不否认社区关系的非传统变化，也不排斥社区与社会的边界趋向模糊，但是强调大众社会仍然需要和支持社区保持或扩张一些特定功能。除了提供心理归属和地缘归属之外，需要社区更多负责供给社会化服务。因为大型国家或者市场往往难以全方位地有效对接地方性的需求，人们哪怕不是高度共享社区的价值观、准则和方式，也仍然需要政府、市场提供的各类服务在居住区有个连接点，① 仍然需要在一定地域范围内的高质量生活，包括公共安全、强劲的经济、医疗保障、教育机会、干净健康的自然环境和适度的人口规模，仍然需要在居住区里享有个人自由、平等、友善和地方认同等②。

欧美国家的一些社区政策选择，实际上对“社会型社区”的生长构成很大支持，例如，把联合国为发展中国家打造的社区发展计划应用于发达国家贫困或者失落社区的建设，通过社区发展专家、职业经理人和社区成员参与，来制订社区发展方案和项目，通过解决地域性社区问题来凝聚共同感、创造就业机会、推动社区繁荣。此外，一些国家还积极寻求以“社群的方式”解决社区问题和提供社区服务，推动地域性社区内部衍生出各种志愿者团体或者社会组织，为居民提供各类社会化、专业化的服务。这种社群服务方式被认为有可能在政府购买服务和社会力量的参与之下，最终促成一个社会市场（对应于市场社会③）。

---

① Roland Warren, 1978, *The Community in America*. Chicago: Rand McNally and Company.

② Larry Lyon, 1987, *The Community in Urban Society*. Homehood, IL: Dorsey Press.

③ 市场社会主要是社会领域的市场渗入和“殖民”，强调利润和资本对社会的强制，如教育市场化、医疗市场化、住房市场化等，而社会市场强调的是市场是嵌入在社会中的，如同波兰尼所说的，市场是嵌入在经济之中的，经济是嵌入在市场之中的。（［英］卡尔·波兰尼：《大转型——我们时代的政治与经济起源》，冯钢等译，浙江人民出版社 2007 年版）

显然，在这个方向上发现和肯定社区的新价值，意味着对社区的关注不应该再限于居民间联结方式、治理架构，而是要高度重视“服务共同体”的构建。

四 中国在社区价值定位上的选择和影响

中国不缺少乡里乡亲、街坊邻居之类的传统社区实体和观念，但是明确理解现代“社区”概念并付诸建设实践却是最近30年特别是最近10余年的事。城乡社区建设所能凭借的，除了这种遥远传统之外，更多的是1949年以后长期建设基层社会的经验。后者在社区价值定位上有一些显著偏重，在转向城乡社区建设过程中发挥了更为强大的影响。

研究者一般都强调，1949年以后新中国为迅速建设强大国家而选择了计划经济，并相应构建了一系列以行政统合社会的基本社会制度，包括单位制、户籍制、工厂制、群团制、农村集体化和后来的人民公社制等。街道与居委会制度也是其中的重要构成之一，它和前述其他制度一起构成了城市“基层社会”的制度框架。设置“街居制”直接原因是50年代初废除了国民党政权用于控制社会的保甲组织之后，在城市特别是大城市中仅靠市一级政权难以有效管理社会，特别是机关和企事业单位外的人员。为此，国家在市政府之下设置了区政府，在区政府之下又设立了街道办事处和居民委员会。“街居制”下的居民区承担了重要的政治功能和社会功能。典型情况是城市中近40%人口的经济、政治、社会与文化生活由单位组织和管理，而约占人口60%的其他城市居民（包括家庭妇女、儿童、部分老人以及其他社会人员）则由居委会进行相对松散的管理。[①] 居委会作为居民区的领导管理机构，主要在街道领导下承担以下职责：（1）办理有关居民公共福利的事项；（2）向当地人民政府或者派出机关反映居民的意见和要求；（3）组织居民政治学习，发动居民响应政府号召并遵守法律法规；（4）领导群众性的治安保卫工作；（5）调解居民间

① 参见《上海市居民委员会调查综合报告》1953年1月1日。

的纠纷，等等。

居民区制度史无前例地把单位、企事业之外的城市居民都组织起来，在稳定新政权的社会基础、调动社会力量、在基层贯彻党和国家的方针政策等方面发挥了作用。从那时起直至改革开放后很长一段时间，中国城市社会实行的社会管理模式一直就是这种“单位制”为主、“街居制”为辅的模式。按照上述这些职能运行的居民区，也就相应呈现出一系列有别于一般“社区”的特征，包括：（1）居委会牵头组织和管理单位外人员，形成相对松散但是全覆盖的政治动员与组织网格；（2）居民区组织由党政发动并赋权，受基层政权的直接领导，地方党政对居民区的纵向影响力、掌控力大于和多于居民区内的水平整合力；（3）向居民提供较低水平的公共福利与服务，等等。换句话说，居民区与一般意义上的社区的重合之处，主要在于它一般尊重原来“社区”地域划分习惯，也没有一概排除居民日常交往的习惯和法则。但是，它作为基层社会的特征却是压倒性的，表现为它对应的是基层政府，明确在基层党政直接领导之下；它担负比较突出的政治整合功能，为国家服务强于为社区居民服务，而社区的自组织、自满足、基于日常生活中的相互熟悉和共同感之上的社区感反倒是比较淡化了，等等。①

居民区制度的长处是有力保证党对城市基层社会的领导，保持国家对所有社会成员的动员和组织能力。② 它在很长一段时间里适应、满足了国家对城市单位外人口的低成本、高效率的社会管理需要，甚

① 另一方面，“街居制”下的居民区的政治、社会地位显然又不如机关和企事业单位。因为在计划经济体制下，国民经济和社会管理的最重要载体是单位，单位负责管理本单位员工，为其提供福利保障，进行组织动员。街道和居委会主要是把那些不属于机关和企事业的无组织的街道居民组织起来。由于大部分社会成员都主要组织在机关和企事业单位中，并且一般不需要再参与由居民区组织的活动，加上居民区和居委会也不像单位那样能够提供全面的福利保障，所以，居民区和居委会对居民的影响力和掌控度也就远不如单位影响员工的程度。

② “街居制”就其重组社会、重视基层稳定、重视有组织地动员和管理所有社会成员而言，很大程度上继承了中国共产党在国内战争时期形成的一些传统，如权力“向下扎根”、以组织化和再组织化方式改造基层社会、深入的动员机制等。

至构成城市基层社会的主要样态。但是另一方面，社区毕竟应该是居民日常社会生活的基本场所之一，从内容到方式都不完全适合由国家长期进行组织化程度很高的严密整合。至改革开放初期，实行了几十年后的“街居制”已经面临着一系列越来越显在的问题：“街居制”及居民区适应非流动性社会的管理，却不能应对大规模、日常化的人口流动；社会功能较为单一，比较偏离社区作为现代城市居民聚居区应有的管理与服务均衡的要求；政府机制过强，而社会自我整合能力与社会机制不足等。[①] 所以，进入改革开放时期后，改革“街居制”、改造居民区应该说是必需的。

20世纪80年代中期以后，在民政部门反复、持续地推动之下，中国城市“社区”的概念逐渐浮现并转化为政府工作目标，继而在发展社区服务与福利、承接单位制改革后进入居民区的人员的管理工作、管理企业下岗职工等具体工作上取得进展，后经过一些大小城市的摸索之后，在2000年以后发展到在全国各城市进行系统建设和全面取代居民区制度的阶段。最近十余年的建设进展，比较突出地表现在四个方面，即：（1）建章立制，以原居民区边界为参考，明确划定了社区地域，并建立起整套的社区组织体系，普遍确立了以社区党组织、社区居委会、社区服务中心或社区公共服务站为标准的“三驾马车”社区管理和服务机构。在明文要求上，社区党组织是社区领导核心，社区居委会是社区居民自我管理、自我服务、自我教育、自我监督的基层群众性自治组织，社区服务中心或社区公共服务站是政府在社区层面设立的公共服务平台，在街道办事处的领导和政府职能部门的业务指导下开展工作。（2）建立社区服务体系，从政府公共服务、市场便民利民服务、社区志愿互助服务三个分类方向上，为居民提供社区服务。（3）较大、较快地投入以社区中心场馆设施为中心

① 此外，居民区制度与其他社会制度相比，一直处于相对次要地位，政府给予居民区的人力、财力、智力支持长期处于较低水平，居民区内各种设施、条件薄弱；居委会工作普遍面临人员老化问题。由于城市实现街居制，农村实行人民公社制以及后来的村民自治制度，居民区本身还在一定程度上成为固化我国城乡社会二元化的一个构件。

的社区基础建设。(4)提倡和发展社区居民自治。

作为历史自然，国家在社区建设上沿用了主导建设基层社会的许多经验和方式，主导推进建设“管理有序、服务完善、文明祥和的社会生活共同体”。所以，城市社区建设整体意图固然是要由行政导向的居民区制度转向居民自治导向的社区制度，明确采取的方式则是党委领导、政府负责、社会协同、居民参与；要求探索政府行政管理与社区居民自治相衔接的运行机制，为整理和理顺政府与社区关系作出路径铺垫，不过工作边界及其相关清单与制定方式仍主要是由政府负责的。因此，在既存的社区自治、官治、混治三种类型中，既有的社区建设与治理较为偏重第二种模式。它一方面一如既往显示出较为强大的组织协调能力、资源动员能力、制度建构能力、直接供给能力等，在短时间内迅速和普遍地实施了社区制度，并且改变社区面貌、基础设施结构；另一方面，它也显现出一些弱点，特别是：(1)政府权力大，职能部门的社会管理权力全面下延到社区，助长社区行政化和社区对政府的依附。(2)管理强于服务，社区治理中的社会机制和市场机制发育明显不足，并且面临“行政吸纳”和“行政俘虏”。(3)社区治理未从政府治理转变为社会治理，未实际构成“政府治理与社会自我调节、居民自治良性互动”的机制，容易形成居民“无感发展”式的社区，等等。

客观地说，社区制度在中国城市普遍设立运行并全面替换了居民区制度，标志着中国的社区建设和治理基本上完成了一个阶段。从政府到社区几乎都在开始探讨如何从政府主导的社区治理走向政府与社会、市场合作的“混合型治理”，以便既保持基层社会的稳定和秩序，又能有效发挥社会与社区、市场中各类行动主体的积极性，激发社会和社区的活力。而要实现这一转变，显然取决于在一些基本环节上作出明确选择，特别是：

1. 需要对多重社区意图或逻辑作出整合。目前体现在社区制度设置、机构关系、日常工作中的重要的社区意图或逻辑有多重、多种，主要包括：党在社区的领导（党组织逻辑），实现居民民主自治（居民自治逻辑），公共服务与管理延伸到社区（行政逻辑），发展社区志愿互助（互助逻辑），市场便民利民服务（市场或商业逻辑），保持基层社会稳定（维稳逻辑），等等。这些意图和逻辑，分开看每个都合乎实践需要。但是，如果不能作出明确整合，而仅仅以“几位一体”的名目把体现这些意图的制度、关系机械堆积到社区，很难完全避免冲突与混乱。

2. 需要以政府主导、社区场站中心建设为重点，转向激发社会参与和以居民社区认同感为核心的新阶段。社区建设和治理，说到底是要增强广大居民对国家和社会的认同度、对社区组织的接受度、对邻里居民间的信任度、对社区整体上的亲和度，从而整体增强对社区和社会的归属感。既有的社区建设在发展有利于增强居民社区认同感的方面，诸如社区社会资本、邻里关系、社会群体、社区公共精神、文化团结与社会团结、居民公约、邻里公约等方面，才刚刚起步。这些非正式组织和非正式制度范畴的建设，难以或无法用正式组织和正式制度替代。

3. 需要解决利益无涉感式的居民自治问题，并发展社区日常生活民主。城乡社区应该是居民全面表现民主精神、全方面进行民主参与和民主实践的主要场所，居民自治既不能滞留于由社区居委会组织民主实践，更不能主要侧重“四个民主”中的民主选举，提升社区居委会直选比例可以表达程序正当性，并不意味着居民对社区居委会的认同感增强。一些地方推进院落（楼宇、门栋）自治、业主自治、社团自治和各种社区论坛、居民议事会、社区协商会等社区民主形式，反而受居民认可，究其原因，是这类民主自治形式更贴近居民需求，更与居民利益相连，对于解决“社区零碎性”问题也更有效果。

4. 需要提升社区治理法治化水平。在经历了较长时间的政策激励、政策创制之后，社区治理与服务应该更多地纳入法律约束和保护框架，政府在社区治理中的权力装置需要发生变化，即从不受约束或很少受约束的行政权力转变为依靠法律的配置性权力，[①] 以便使社区

① 迈克尔·曼对权力装置中的威权权力和配置性权力作过系统论述。参见迈克尔·曼《社会权力的来源》，陈海宏等译，上海世纪出版集团2007年版。

治理与服务得到长期平稳、可预期的发展，最大限度避免区域不平衡或阶段性潮涨潮落。目前仍然主要以《居委会组织法》界定居委会的性质和功能、党组织的定位与角色，以及居委会与基层政府和其他相关方关系的方式，来规定社区组织建设和社区治理。这种“小法”拉“大车”的情况不宜长期存在下去，因为它很难从法理上真正解决政府与社区的关系，很难对政府进行有效规制和对社区确权。

显然，解决这些问题很大程度上意味着要转变建设基层社会的传统。

第二节　农村社区建设初步

2000年前后，国家在实践和政策宣传上越来越强调缩小城乡经济社会差距。继农办系统在全国农村主持推进“新农村”建设，致力于道路、通信、房屋环境等“硬件”改善，民政部门在2006年以后也着手研究如何逐步将城市社区建设的成果延展到农村。与在城市明确以社区制替代居民区制度有所不同，这项工作的初衷并不是取代改革后实行的村庄和村民自治制度，而是旨在把城市居民享有的社区服务，特别是下沉到社区的基本公共服务移送到农村地区，以便于缩小城乡差距、助推城乡一体化发展。按照这个路线开始的农村社区建设进程，特别有利的一面是它和城乡社区衔接的方向天然一致；可能有所不利的一面则是用于移植的社区制度在城市没有完全调整定型的情况下，复处在与以双层经营和村民自治为特色的现有村庄制度的嫁接状态中。因此，除在城市社区建设中遇到的如何整合基层社会建设传统并转向新的混合治理框架问题，在农村社区建设中可能重复出现以外，在农村是应该让社区制与村庄制两种制度相互嵌入，还是应该以社区制度整合农村社会并且重构农村社会与国家的关系，越来越成为亟待确定的议题。此外，在近年来城市化、城镇化加速的背景下，地方政府整理农村土地和经营土地财政的持续冲动，这从外部增加了城乡社区衔接方向和方式的不确定性，以对农村农民还权还利的方式还是以分利争利的方式推进城乡社区衔接，在一些地方形成了两种对立方案。这里先讨论前一个问题，最后一个问题留待下一章讨论。

当然，中国农村社区建设被理解为有广义和狭义之分。广义的农村社区建设是把农村作为一种自然型的社区而进行的整体性的建设，包括经济发展、基层政权构建、文化组织建设及社会保障与公共服务等多位一体的全方面建设。[①] 而狭义的农村社区建设就是指借鉴 80 年代后城市社区管理体制和服务模式而在农村社会“移植和嵌入”社区化管理和服务。[②] 概要看，农村社区建设大体经历了以下过程。

1. 地方自发试点阶段（2001—2005 年）。一些地方政府自行试点设置农村社区，社区没有统一模式，并且主要是新设置若干社区组织用于配合村两委落实村落内部的自治服务事项。其中，2001 年江西一些地方较早开始尝试建设农村社区的工作，2003 年之后在 100 个自然村进行“一会五站”式村落社区建设试点。所谓“一会五站”模式，即通过民主选举，以德高望重、影响力和组织管理能力较强为标准产生“五老”（指老地下党员、老游击队员、老接头户、老交通员、老苏委）人员为主体的志愿者协会；协会下设社会救助站、卫生环境站、民间纠纷调解站、文体活动联络站和科技信息传递站。协会要求以便民、助民、利民、安民、富民为目标，在村“两委”的指导下，依托“五站”组织村民参与村落社区事务。2004 年，湖北秭归县杨林桥镇按照“地域相近、产业趋同、利益共享、规模适度、群众自愿”的原则，撤组（村民小组）建社，每个社区一般由 30 个左右的农户组成，社区群众直选产生社区理事会，设理事长 1 人，理事 2—4 人，任期一年；同时还建立社区内自治、社区间联合自治、以村为单位整体自治的三层自治架构。2004 年，在全县 12 个乡镇推广这个模式。湖北武汉在推进城市社区建设的“883 行动计划”的同时，从 2005 年开始就在农村实施“家园建设行动计划”，选择一些村

① 如《中国大百科全书·社会学》卷中定义的农村社区，就是一种广义的农村社区建设，即“相对于城市社区而言，农村社区是有广阔地域，居民聚集程度不高，以村或镇为活动中心，以从事农业活动为主的社会生活共同体”。（《中国大百科全书·社会学》，中国大百科全书出版社 1991 年版，第 206 页）

② 陈建胜：《城乡一体化视野下的农村社区建设》，《浙江学刊》2011 年第 5 期。

进行新农村社区建设。除江西、湖北等地之外，江苏、山东、四川等一些地方在城市社区建设的同时也进行了农村社区建设试点。

2. 民政部推动农村社区建设试点实验阶段（2006—2008 年）。国家主管部门开始牵头农村社区建设，明确提出目标，各省则开始规划农村社区设置和公共服务内容。2006 年 9 月，民政部下发了《关于做好农村社区建设试点工作推进社会主义新农村建设的通知》（民函〔2006〕288 号），决定在全国有条件的地区开展农村社区建设的研究探索和试点工作。2006 年 10 月，十六届六中全会关于《中共中央关于构建社会主义和谐社会若干重大问题的决定》提出“全面开展城市社区建设，积极推进农村社区建设，健全新型社区管理和服务体制，把社区建设成为管理有序、服务完善、文明祥和的社会生活共同体”。之后，民政部又制订下发了《全国农村社区建设实验县（市、区）工作实施方案》，并确定了 304 个全国农村社区建设实验县（市、区），占全国 2862 个县级单位的 10.55%，20400 个村作为农村社区试验村，占全国 64 万多个村的 3.19%。民政部还分别在 2007 年、2008 年召开了“全国农村社区建设实验工作讲习班”和农村社区建设实验工作经验交流会，总结试点工作经验，分析问题，提出全面推进农村社区建设实验工作的要求，地方对此也积极作出了回应。

3. 农村社区建设实验大面积推进阶段（2009—2010 年）。国家明确提出农村社区实验区建设的具体任务和推进方式，特别强调了农村公共服务载体建设和社区服务设施建设。各地普遍建立政府在社区的工作平台——社区公共服务站，负责政府在社区的社会管理与服务工作。2009 年 3 月，民政部下发了《关于开展“农村社区建设实验全覆盖”创建活动的通知》（民发〔2009〕27 号），要求各地深入推进农村社区建设实验工作，推动各个层面确定的农村社区建设实验单位在较短的时期内尽快实现实验工作全覆盖，即领导协调机制全覆盖、社区建设规划全覆盖、社区综合服务设施全覆盖、社区各项服务全覆盖、社区各项管理全覆盖。2009 年 7 月开始，民政部组织了对各省（区、市）自荐申请的全国农村社区建设实验全覆盖县市区逐一进行评估，确定 7 个县（市、区）为首批“全国农村社区建设实验全覆盖示范单位”。各省（区、市）纷纷制定农村社区建设全覆盖的规划，迅速扩大农村社区建设实验的范围。[①]

4. 提出和尝试创新农村社区治理阶段（2011 年以来）。进入 2011 年后，中央提出社会管理的概念，明确指出政府在履行经济调节、市场监管职能的同时，还要履行好社会管理和公共服务职能。在此背景下，加强和改善民生、增强政府的公共管理与服务能力、重构基层社会管理体制机制成为政府施政的重要内容。由此，农村社区建设开始从狭义的借鉴与引入城市社区服务理念、内容和方式的农村社区建设进入较为广义的农村社区建设，后者的建设不仅涉及经济、政治、文化和环境整体协调，还涉及农村社区组织架构、管理体制机制及其公共服务的运行机制。2013 年，中央强调创新社会治理目标与方式，深入推进农村社区治理体制机制变革、激发农村社会组织活力、推动村民自治与社区组织制度的衔接与整合，成为农村社区建设的重要任务。因此，地方党政普遍把推进农村社区建设纳入经济和社会发展总体规划，提出把农村社区建设与社会主义新农村建设规划、土地利用总体规划、城镇化规划衔接互动、协调推进，把农村社区建设的布局规划、基础设施与服务设施建设、组织制度建设、资金人才供给纳入农村整体建设中来。至 2012 年年底，全国已有 2406 个县（市、区）在本辖区内全部或选择部分行政村开展农村社区管理和服务，约占全国县（市、区）总数的 84.3%；已有 24131 个乡镇开展，约占全国乡镇总数的 67.7%，开展农村社区建设的行政村约 23.6 万个，占全国行政村总数的 34.3%。北京、天津、辽宁等 17 个省份在全省范围内全面开展农村社区建设，北京、天津等 8 个省份的农村社区服务设施覆盖 70% 以上的行政村。其他的省（区、市）也以经济社会条件相对较好的县（市、区）为单位整体推进，按照民政部的

① 如吉林省在总结试点工作经验的基础上，逐步扩大规模，力争用 3—5 年的时间，使全省 75% 以上的农村社区达到创建标准；重庆市在原有试点的基础上，全国和市级农村社区建设试验区县每年分别选择 10 个以上的村，其他区县每年分别选择 5 个以上的村开展农村社区建设，并逐步扩大范围。山东莱西在“十一五”期间要求抓好 100 个农村社区建设示范村，2010 年全市 1/3 以上的村庄达到农村社区建设的目标要求。

标准，全国已有24个省份的122个县（市、区）实现了农村社区服务设施的全覆盖。2015年，针对农村社区试点建设的进展，中办、国办印发了《关于深入推进农村社区建设试点工作的指导意见》（中办发〔2015〕30号），提出农村社区建设的五条基本原则：以人为本、完善自治；党政主导、社会协同；城乡衔接、突出特色；科学谋划、分类施策；改革创新、依法治理。还提出了农村社区建设的八项任务：完善在村党组织领导下、以村民自治为基础的农村社区治理机制，促进流动人口有效参与农村社区服务管理，畅通多元主体参与农村社区建设渠道，推进农村法治建设，提升农村公共服务供给水平，推动农村社区公益性服务、市场化服务创新发展，强化农村社区文化认同，改善农村社区人居环境。

总体而言，近十年的农村社区建设仍然主要由国家主导推进；政府的关注点和工作举措则主要投放在以下诸方面和环节上。

1. 充分运用以往建设农村基层社会的经验和方式，构建农村社区建设工作体制机制。从中央到地方，一如既往采取了全党动员①，出台专门的政策文件②，建立专项领导机构③，列入阶段性工作

---

① 中共十七大报告、十七届三中全会决定、十八大报告、2008—2010年中央1号文件、《中华人民共和国村民委员会组织法》和《社区服务体系建设规划（2011—2015年）》中都对农村社区建设及其管理服务等进行了强调。

② 天津、辽宁、吉林等15个省（区、市）以党委政府名义或党委政府“两办”名义下发关于开展农村社区建设的政策文件，其他省份也以省级社区建设领导小组或民政厅（局）的名义对农村社区建设工作进行部署。北京、辽宁、吉林、黑龙江等9个省份专门出台农村社区建设规划；北京、天津、辽宁等10省份还出台文件对农村社区服务设施建设标准和社区工作者待遇保障作了规定。浙江、安徽、江西等9个省份出台了城乡社区建设“十二五”规划或社区服务体系建设规划。宁夏回族自治区以地方标准的形式发布了《宁夏回族自治区农村社区建设标准》（DB 64/T 740—2011）。此外，市、县（市、区）、乡（镇）也制定了大量推进农村社区建设的政策意见和布局规划。

③ 河北、辽宁、吉林等22个省（区、市）成立了以党政主要领导为组长，各相关职能部门组成的城乡社区建设工作领导小组或协调机构，其他省份也建立了各种形式的协调机制，市、县、乡也广泛成立了党政领导挂帅的城乡社区建设领导小组；一般都要求形成了党委政府统一领导、民政部门牵头协调、相关部门密切配合、村级组织负责承办、农民群众广泛参与的农村社区建设领导体制和工作机制。

重点，[1] 明确规定相关工作职责[2]等手段。

2. 在设置社区规模方面，对目前已经类型分化的60万个行政村，主要根据社区服务的人口集聚性基础条件和财政配给能力，采取了五种类型设置。即（1）“一村一社区”，即在现行的村委会基础上，一个行政村只设立一个社区。它是当前农村社区建置最普遍的模式，在全国304个实验县市中，有226个县市区实行了“一村一社区”的建置，占实验县市区总数的76.09%。此方式的主要做法是利用村庄既有的自治与服务组织，在村庄中设立社区服务中心或公共服务站，作为政府在社区的社会管理与公共服务平台。（2）“多村一社区”，即在相邻的两个或两个以上的村中选择中心村或较大的村为单位设立社区。如山东诸城市根据当地村民居住分散、村庄规模小的特点，按照地域相近、规模适度的原则，将紧邻的几个村庄合并规划为一个社区，实行“多村一社区”，标准则定为打造“两公里服务圈”。在多村一社区建设中，一般选择一个中心村设立社区服务中心，要求推动农民居住向社区中心村聚集融合，整合优化社区资源、提高利用效率和服务水平。（3）“一村多社区”，即在一个村设立两个或两个以上的社区，在合村并组后规模较大的村实行，以自然村或小组为单位成立村落型社区。如湖北省远安在洋坪镇双路村实行“撤组建社”，按照“一村多社区”的模式，把原来的7个村民小组撤销，重新按照以前的15个自然村落为单位设立15个社区。江西、广西等地都广泛采取这种模式。（4）“集中建社区”，在新规划的农民集中居住的居民

---

① 大多数地方都把农村社区建设作为统筹城乡经济社会发展，促进社会和谐的基础工程，将增强农村社区自治功能、提升社区服务能力上升到全面建成小康社会的战略层面。天津市委市政府对推进农村社区建设作出专门部署，作为推进城乡一体化建设20件实事之一。河南省、贵州省、陕西省把农村社区建设作为推动城乡一体化的切入点、统筹城乡发展的结合点，将农村社区建设列入年度全省民生工程之一。

② 地方党委政府一般都把农村社区建设纳入当地经济社会发展规划和新农村建设总体规划，把农村社区建设任务分解到相关职能部门，纳入了目标考核范围，明确组织、农委、综治、发改委、民政、住建、文化、卫生等20多个相关职能部门在推进农村社区建设中的职责任务。

小区设立“社区”。[①]（5）“社区设小区”，在实行“多村一社区”或“一村一社区”的地方，大都在社区之下以村民小组或自然村为单位设立“小区”，在社区设立社区服务中心，小区设立“社区服务站（点）”。如吉林省将农村社区定位在村一级，但根据东北农村村屯距离较远的状况，要求各试点村积极将服务向自然屯延伸。

3. 在分税制和区域差异的背景下，在编制规划、经费投入和建设重点上对农村社区建设采取分类推进办法。编制农村社区建设规划时普遍以县域为单位，一般采取统筹城乡发展、聚居人口适度、服务半径合理、功能相对全面等原则，明确各类农村社区服务设施设置原则和配建标准，统筹规划农村社区建设的基础设施、公共服务设施和公益事业发展。[②] 在投入机制上，通常要求建立以财政为主，部门涉农资金整合运用、村集体经济投入、企业和社会力量等多元投入的经费投入机制。[③] 在推进方式上，一般要求从城郊村、集镇村、中心村到一般村稳步渐进，并主张根据政府财力和多数群众意愿，优先做好

① 具体又分为两种情况：一是农（牧）民聚居地设社区。如江苏、天津、四川成都及其浙江部分县市等地都提出“农村人口向城镇集中、居住向规划社区集中、工业企业向园区集中”，支持和鼓励农民“迁村腾地”“集中居住”。另一种是以甘肃阿克塞县为代表的在人口自然聚居而形成的地区设立社区。阿克塞县是以哈萨克族牧民为主体的自治县，基于牧民农忙时分散放牧而农闲时在县城集中居住的实际，在开展农村社区建设实验工作过程中，将全县3个乡镇10个村整合成1个民族新村牧农村中心社区，建立牧农村社区服务中心，下设3个牧农村社区服务站，配套党员服务站、社区工作站、文体活动中心、警务室、社区保障事务所、图书阅览室、医疗服务站、便民服务站、居民学校等，形成“一社区一中心三站”的模式。

② 例如浙江省75%的县（市、区）、86%的乡镇完成了规划编制。山东省根据本省村庄数量多、人口规模小等特点，按照规划先行的原则，以县（市、区）为单位，全省共规划农村社区服务中心17669个，平均每个社区服务中心覆盖3600余人，服务半径一般不超过2—3千米。

③ 有些地方则把农村社区建设纳入当地经济社会发展规划和财政预算，以建立稳定的资金投入机制。天津、辽宁、河北、安徽等20多个省份每年通过省级福彩公益金拿出部分资金用于农村社区服务设施建设。江苏省自2011年起，省级财政每年安排1亿元预算资金，采取项目化的补助方式进行引导推动农村社区建设，同时，通过资金引导和项目运作，撬动市县、乡镇加大财政投入，两年来各地累计投入17.6亿元。

农民迫切需要的事项。①

4. 强调搭建农村公共服务平台，采取的主要办法，一是建设农村社区公共服务设施，要求设立政府公共服务延伸至农村的工作平台，按照一室多用，划分服务功能原则，通过新建、改建、扩建等方式配置农村社区办公和服务用房。② 二是提升农村基础设施，特别是加强农村道路、水电、农田改造、垃圾和污水收集处理等基础设施，注意进行广电网、电信网、互联网等网络建设，加强文化娱乐、卫生计生设施建设，从总体上改善生产生活条件。③ 三是关心村级运转经费保障，重新建立农村基层组织特别是村委会基本运转财政保障机制，及时足额保证村干部补贴、离任村干部生活补助和村级办公经费。此外，许多地区通过补助、贴息、收费减免、购买服务、结对帮扶等形式带动农村集体经济发展，以图增强村集体的造血功能。④

5. 要求发展农村社区服务体系，利用政府公共服务设施、社区公益性服务设施和市场化经营性服务设施，形成集政府公共服务、村民志愿互助服务、市场化便民利民服务等农村社区服务体系。在公共服务方面，有些地方在偏远农村也设立了为民服务代办点。⑤ 在发展

---

① 例如，宁夏回族自治区提出，在平原地区积极推进农村基础设施和社区服务体系建设；在山区，将农村社区建设与危窑危房改造工程、生态移民整体搬迁紧密结合；在川区，与塞上农民新居、小康村建设紧密结合建设。青海省针对牧民定居点的牧民来自不同牧业村，所属的行政村在管理和服务方面鞭长莫及的问题，在牧民定居点建立社区，为他们提供生产生活服务。

② 北京、上海等地除少数特定条件的村外（“空壳村”“城中村”、镇级社区公共服务覆盖村），都已实现了村级社区公共服务设施网络的全覆盖。安徽省充分利用乡镇合并和村级规模调整后闲置的镇、村部办公用房，全省有5640个老镇、村部作为社区服务用房。

③ 福建省以农民群众满意为目标，普遍开展了“四通三改三清三化三建”工程；海南省加快文明生态村建设，加大投入，改善村容村貌，有80%的自然村达到省、市级创建标准。

④ 2009年起，上海市将村级组织基本公共服务经费列为财政年度预算，2011年全市村级组织运转经费补贴6.14亿元（村均36万元）。广东省要求将农村基层组织经费保障补助资金列入各级年度财政预算，解决村级组织经费保障问题。

⑤ 例如黑龙江省推广“一口受理、一站式办公”服务模式，将就业、救助、社保、医疗、养老、农业生产技术等公共服务延伸到农村。新疆探索设立乡镇服务中心、片区中心村“牧区直通车”服务站、周边村三级服务网络，将9大政府职能和6大服务基本覆盖到偏远地方。

互助服务和志愿服务上，有些地方提出利用农村地缘相近、血缘相亲的特点和邻里互助的传统，积极组织农村居民开展志愿互助活动，同时还开始培养和发展服务性、公益性、互助性社会组织，尝试发挥其提高服务、反映诉求、规范行为的作用。① 在发展便民利民化市场服务方面，通过制定标准和财政补助，指导兴办“放心店”式的农村社区日用百货超市和农业生产资料超市，提供日常生活和生产性服务。此外，还试图通过农村室外文体活动广场、图书阅览室、多功能活动室，要求社区组织各种农村文体活动等，影响和建设农村社区文化。②

可以在上述历程中看到两个特点：第一是与城市社区建设依托建设城市基层社会的传统经验相类似，国家在农村社区建设中充分运用了以往建设城乡基层社会的经验和路径，因此显得迅速高效。并且，由于社区建设整体走向是从城市向农村延伸，因此，农村社区建设显得天然走在了城乡社区衔接而不是扩大城乡二元结构的方向上。另一方面，前述的在城市社区建设中遇到的问题、瓶颈，在农村中近乎同样复现。第二个特点则是改革开始后在动员和安排城乡基层社会发展群众民主自治方面，农村本来已经先于城市进行改革，结束了人民公社制度，并在 1987 年以后已经普遍先试行、先实行了以土地集体所有、双层经营和村民自治为特色的行政村制度。从中央到地方、从政府到民间，都充分肯定这个新制度的活力，并不认为它趋近完成历史使命。因此，一旦把城市社区服务（包括下沉到社区的基本公共服务）及其相应的组织架构平移到农村，并且又没有采取一村一社区的设置时，尽管初衷是往村庄注入新的资源，提高村庄活力，缩小城乡差距和改变城乡二元体制，但是客观上却产生了两种制度在农村的交错或并行，即产生了新的复杂的双轨制格局。

---

① 天津市、湖北省等开展社区志愿者注册登记，出台农村社区公益性民间组织培育相关办法，支持和鼓励各类组织和个人参与农村社区志愿服务。上海、江苏还采取“培育+补贴+奖励+购买”方式扶持参与社区服务的社会组织。

② 参见陈建胜《农村社区文化营造何以可能与何以可为》，《山东社会科学》2015 年第 9 期。

第三节 目前面临的主要问题

具体而言，农村社区建设目前除了面临前文已述的一般性问题之外，还面临着跟城市社区相对有别的、比较突出的问题。特别是：

1. 关于农村社区界定的犹豫

如果赞成前述社会学关于社区的综合性界定，那么通常需要承认社区是由地域、人口和互动三要素构成的，而农村社区则是乡村地区人们基于地域划分习惯、共同利益和需求、由彼此的互动与交往而形成的具有较强认同和情感的社会生活共同体。但当一个农村社区理论性概念被应用到现代社会的具体情境中时，往往需要特别包容现代社会更习惯采取的组织载体及其运行机制，被国家运用时还需要容纳国家意图和方式。在中国，农村社区不仅是一个经过政府规划的地域单元，而且长期具有基层社会的质性，但是作为社区又不可能丢失社会学社区理论所发现的社会生活共同体的质性。因此，即使是一直坚持国家主导农村社区建设的路径，其政策文本和内容上也会面临多种不同偏重意涵的农村社区概念或观念如何实现内在整合的问题。例如，把农村社区视为"管理有序、服务完善、文明祥和"的农村社会生活共同体，或者把农村社区看作为农村社会服务管理单元，意味着国家的确希望农村社区同时包容传统共同体、现代社会组织，以及国家认可的属地化管理服务单位这三重性质和功能。但是，这三者整合的理想样态及整合机制，在社会学社区理论与农村社区建设实践上都还是不明晰的。

不仅如此，国家在具体推进农村社区建设时采取的部门职责的结构化分工，也在相当程度上扩大了期望与进展间的距离。在期望上，农村社区建设最好囊括经济、政治、社会、文化、环境等全方位的建设。在推动结构上，作为实际指导部门的民政主要担负社区服务管理的组织结构与功能再造，社区的产业功能，甚至某些社会功能、文化功能、环境功能主要由政府其他部门负责推动，如农村社会保障、医疗服务、文化设施供应、环境整治等并不属于民政工作范畴，民政部门主要是提供了农村社区这一工作平台，便于其他部门进入。由此，寄希望于以民政部门直接领导下的农村社区建设来推动人、物、信息及整体社会制度的城乡社区衔接，用社区治理制度来撬动社会保障制度、公共服务、土地制度、户籍制度的改革和各类保障措施改进，实现城乡社区居民双向流动，实现城乡之间各要素的双向流动和制度衔接，不能不面对甚至陷入种种困难。①

2. 村庄制度与社区制度的衔接紧张

在全国不统一村社关系设置的情况下，新建立农村社区组织与原有村庄组织间形成了不同类型关系。典型方式有三种：一是保留现有的村两委和经济合作社的基础上，设立农村社区（综合）服务中心或公共服务站作为社区的管理机构和工作平台，主要担负社区组织管理、农村社区管理与服务工作。有的社区服务中心内部又设立各种功能的居站室，有的地方社区服务中心还设有议事机构、执行机构、服务机构和监督机构等。二是在村庄制度的基础上设立社区组织，如浙江舟山"联村建社区"、山东诸城"多村一社区"都在村委会的基础上设立"社区管委会"来统合各村的社区管理与服务工作。而江西、湖北等一些地方在村委会下的自然村落或村民小组基础上设立社区，社区组织与村委会分离。三是"村社一体"，即农村社区与现存的村委会组织合一。吉林、重庆、河南等省市在农村社区建设中，普遍将村委会改为"社区村民委员会"，村党支部改为"社区党支部"，强调农村社区与村民委员会、农村社区与村级党组织之间的组织融合和一体化。这种情况固然适应阶段性的因地制宜需要，但是总体上却带来了村社关系的复杂性。

（1）农村社区组织与基层党组织和村民自治组织的关系。在"一村一社区"类型中，社区组织主要是社区服务中心，因此村社关系主要是处理社区服务中心与村民自治组织之间的关系，核心则是政府与农村社区的关系。在理论上说，基层政府和政府职能部门与农村

① 林聚任、鄢浩洁：《拆村并居下的农村社区管理创新》，《人民论坛》2011 年第 27 期。

社区是指导与协助、服务与监督的关系，但在实际运转的过程中政府与社区服务中心有纵向关系。因此，要么明确社区服务中心工作人员是政府工作人员，要么明确村两委成员入驻社区服务中心去完成政府代理代办任务，两种方式都能强化政府对农村社区的统合能力。区别是采取前一方式，社区服务中心人员的权威性与话语权自然超越村两委人员，村两委人员很多时候成为社区服务中心负责人的助手。采取后一方式，由于农村社区服务中心有明确的考核要求，村两委也必然要去全力协助政府，以获得认可和资金项目。尽管一些地方在实践中对村民自治和协助政府完成公共事务进行了区分，建立农村社区准入制度甚至是事务清单，但是由于在法理上没有明确农村社区的定位，农村社区与政府之间（包括在制定清单上）实际上没有议价权和平等契约权。在“多村一社区”类型中，普遍设置的社区管委会是高居于村民自治组织基础上的半行政性机构甚至成为政府派出机构，在很大程度上把法律规定的乡镇（街道）与行政村的指导与协助关系彻底转变为领导与执行关系，社区成为“二政府”“两不像”（既不像政权组织又不像自治组织）。[①] 这一问题严重到了引起基层社会不满的程度，因此，2015 年中办、国办下发的《关于深入推进农村社区建设试点工作的指导意见》明确规定严禁以“管委会”等机构取代村党组织和村民委员会。

（2）农村社区组织与社区内部经济组织的关系。一般情况而言，农村社区建设的重点是推动政府社会管理与基本公共服务向农村延伸，集体经济的经营与管理则由村经济合作社负责。在一村一社区类型中，由于大多数地方村委会与村集体经济组织原本处于合一状态，当农村社区与村委会融合时，农村社区通常会自然维持“经社不分”格局。此举一方面的确在一定程度上解决了村庄或社区组织运转和公共基础与服务设施问题，但另一方面并不能自然解决经济合作社如何适应市场的问题。此外，在“多村一社区”的类型中，还面临不同

① 任强、毛丹：《中国农村社区建设中的五种实践逻辑——基于对浙江省的政策与实践观察》，《山东社会科学》2015 年第 9 期。

经济合作社如何共举支持社区发展的困境，出现公平与可及性的争议（例如社区办公场所和主要设施设在大村，那么在不同村庄进行社区设施与项目的投入时，各村经济合作社是否愿意拿出资金进行投入）。① 更为重要的是，随着经济合作社普遍实行股份制后，股份经济合作社将实行法人登记和法人治理结构，特别是一些地方如浙江已经明确村股份经济合作社中不设集体股，今后，股份经济合作社如何支持村两委或者社区公共服务有效运行将成为新的大问题。

所以，农村社区建设中的村庄制度与社区制度的衔接与整合还在路上，关键可能是要明确农村社区组织到底是一个什么样的组织。②

3. 城乡社区衔接在保障农民权益问题上面临对立性方案

从合理性上说，农村社区建设应该有两个政策性目标，一是保障与增进农民权益，包括民主权利、民生需求和经济发展、社会福利等权益。二是缩小城乡社区差距。两者本来可以不矛盾，可以合为一起，确定为朝着城乡社区衔接的方向而保障和增进农民权益。这样的

---

① 一些地方为此尝试改革，例如上海提出农村经济组织与村委会和社区分开，如上海市浦东新区要求按照“村资分离、分类改革、综合配套、惠及农民”的要求，建立和完善“一支部两委”（村党支部或联合村党支部，村委会，村集体资产管理委员会）的村级管理架构，而且按照“两分两合两集中”的要求（支部合并、具体管理层合并，村委会分开、集体资产账户分开，村委会办公地点集中、社会公共产品集中），对相关村实行了联村管理。但是，实践效果远远有待观察。

② 台湾地区在推进农村社区发展运动的过程中也建立了相应的社区发展协会等社区组织，一方面社区发展协会在行政体系强力辅助与指导下自主性与自发性不足，另一方面又与政治性组织村里产生了不分和功能重叠的问题，由此社区发展进一步界定及社区发展与村里组织功能衔接成为农村社区建设的重要问题。林瑞穗等人的研究指出，针对这一问题，有“维持现状、不做改变”“废除社区、维持村里”“废除村里、维持社区”“二制并存、但刻意发展一方”“维持现状、但改善二制分立之缺失”“维持二制，改善二制分立之缺失，且积极鼓励合并”及其“加强村里，改革社区”等七种改革思路，并认为最后一种是可行的，其核心是明确村里办理基层服务事项，并用专业性社团取代综合性和政府指导性的社区发展协会。（林瑞穗等：《社区发展与村里组织功能问题与探讨》，台湾“行政院”研究发展考核委员会，1996 年，第 53—62 页）大陆地区农村社区组织是否确立为社会组织，或者是否能分立出不同的社会组织，成为社会组织后如何统筹或发挥分立功能的作用，从政治到实践都有待考量。

农村社区的建设，不仅要具有安全经济学内涵，① 还要让农民可预期、可享受到各种公共服务与福利权利等公民权利。②

然而，中国农村社区建设同时伴随着城市化、城镇化加速的浪潮。一些地方政府对城市化的关心胜过对农村社区建设的关心，并且注意力实际集中在土地城市化上。因此，农村社区建设被当成了借农村社区建设的概念而行土地城市化之路的机会，从农民手中获取土地、宅基地等成为潜藏目的；围绕着这种计算，形成了另一类城乡衔接的方案，如一些地方以“宅基地换房、土地换社保”等方式把农民赶到集中居住区，还有些地方把重点放在撤并村、联村建社区，把村民安置到乡镇、中心村，用消灭村庄来规划土地类型。一些地方政府在农村社区建设上想的是如何以“城乡建设用地增减挂钩”“农村‘空心村’综合整治”“城中村或城郊村改造”“移民搬迁”“重点示范乡镇建设”方式来获得建设项目、用地指标和建设资金。不仅农民的意愿与诉求并未得到充分保证，简单地被拆迁、被改造、被上楼，以土地权益为核心的农民财产权益保护难以得到落实，而且在发展选择上再次强化和放大了以往发展主义的弊端，即简单地把农民的生活方式视为传统和落后，把城市视为现代与先进，从而增加了断送农村发展与城乡社区衔接可能性的风险。

---

① 毛丹等人通过对城郊农民不愿意市民化的研究，提出了安全经济学的概念，即在政府所推动的城市化进程中，农民原有的安全条件很容易受到破坏，而满足其安全需要的替代方式却不易建立，甚至没有被当成重要问题；农民在日常生活中很容易感到强烈的风险与转型不安全，包括经济不安全、社会不安全及政治不安全等。（详见毛丹、王燕锋《J市农民为什么不愿做市民——城郊农民的安全经济学》，《社会学研究》2006年第6期）

② 在马歇尔看来，公民身份是与共同体相联系的，公民身份就是在共同体范围内获得完全成员身份的基本的人类平等，所有人都要求分享社会遗产（文明）的权利，进而要求成为社会的完全成员（full member）的权利，这就是公民的权利。一个完整的公民身份，应该包括三种权利，即与竞争的市场经济相关的公民权利，参与权力行使过程的政治权利，公民的经济福利与安全以及公民充分分享社会遗产和按社会一般标准过文明生活的社会权利（包括教育、医疗、福利等方面的权利）。（［英］T. H. 马歇尔、安东尼·吉登斯：《公民身份与社会阶级》，郭忠华等译，江苏人民出版社2008年版；T. H. Marshall, 1964. *Class Citizenship, and Social Development——Essays by T. H. Marshall*, Doubleday & Company, Inc., Garden City, New York, p. 72）

第五章　竞争中的两种城乡社区衔接模式：案例研究

本章摘要：在推动农村社区建设走向城乡社区衔接方面，目前地方实践中出现了两种对立的路径和意图，或者说两种城乡社区衔接模式。一种可以称之为与农民争利分利的衔接模式。其典型办法是鼓吹和实施让农民以土地宅基地换社会保障换户籍的方式，腾挪农村土地，把农民赶到劳动力市场，可预期的结果是消灭乡村和农民。其中一些地方还冠之以农民市民化名目，将上述方式解释为把农民转化为市民，并在形式上配套了一定的社会保障和社区形态公共服务。但是，新市民远未获得现代公民的配置条件，在转化过程中其权益遭受折损，在转化的结果上陷于新的不平等，缺乏经济发展权、社会参与权和共享社会福利权；他们所在的农民新型小区、新型农村社区是社会中的孤立聚居地，一些规模达三四万人口的集中搬迁社区既丧失了共同体特性，又缺乏社会有机性。另一种是哺农型的农村社区建设和城乡衔接模式。它要求以稳固和增加村庄、农村居民的合法权益为基础，改革农村土地产权、户籍制度、社会保障、公共服务等基础性制度，在此基础上进行农村社区建设，同时运用城乡衔接或城乡一体的社区组织与制度架构进一步统合社会保障、公共服务、基层治理，争取在城乡衔接的方向上维系和发展以村落形态为基础或资源的社区共同体。本章研究这两种模式的典型案例。

近年来，在村庄组织制度基础上推进农村社区建设，已经成为我国有计划、有组织推动乡村变迁与乡村转型的重要思路，被认为是改革开放以来继家庭联产承包责任制、乡村工业化、农民城市化、新农村建设之后的重要政策。更值得注意的是，中共中央越来越明确和强调这一建设中的城乡衔接含义。然而，在推进农村社区建设与加快城市化、城镇化两大社会工程相伴生、相交叉的背景下，城乡社区衔接在地方实践上却显而易见地分化出两种路径或模式。

一种是与农民争利分利型城乡社区衔接，其主要特点是在发展主义理念引领下把城市与乡村视为现代与传统的两级，衔接的主要意图是把农村改造成城市、把农民改造成市民，典型做法是以土地换社保换户籍的方式把附属在村落共同体上的要素剥离出来进入市场流动，并且在这一过程中与农民争利分利，从而推动土地城市化的发展。它既有显性的呈现方式——“承包地换社保、宅基地换城镇住房”的农村集中居住型社区建设，也有隐性的呈现方式——“撤村建居”的半市民化农村社区建设，而且两者通常紧密地结合在一起。另一种是哺农型城乡社区衔接，即把城市和乡村作为社会系统的连续谱，农村社区建设必须建立在这样的连续谱系中来增益农民、发展乡村资源与产业，并提供基于公民身份平等基础上的社会保障制度与公共服务制度，由此来建构基于基础性制度衔接与平等基础上的城乡对接甚至是城乡一元的社区治理制度，并以社区治理制度来反推基础性制度的改革与提升。

这两种类型都有典型实践。本章讨论这两种模式的典型案例。

第一节　分利型农村社区制度

首先观察浙江省J市曾推行的“两分两换”集中居住型社区及市民化过程。这是一个较为典型的以土地换社保换户籍的案例，从中可以观察到这个过程中的交换关系及其本质。它显现了一些关键问题，例如，土地在自然属性与社会属性上的特点，它决定了哪些权益是可以交换的，哪些不可以交换；农民市民化的重要条件并不仅仅在于给予农民补偿数额多少，还在于从村落共同体属性衍生出的权属关系如何能平稳地过渡到国家与公民的权利关系，等等。

一　问题背景

农村社区建设的制度设计，涉及适度改变乡村地区农民分散居住、村庄基础设施与公共服务薄弱、建立更为开放包容的治理格局，并且缩小城乡差距时一定要有利于构建乡村社会“生活共同体”。但是，如果听任发展主义驱使，城市化不仅会成为单向度的价值追求，还容易成为地方政府推动经济与社会转型的单一路径。快速推进的城市化必然涉及如何从农村拿地、拿资源和拿人的问题，注意力会集中在把各种附属在共同体上的要素剥离出来推入市场流动，实现商品化交易。就是说，按照发展主义的城市化道路来推进农村社区建设，那么对农民的剥夺、对农业的轻视、对农村的扫荡就会或明或暗地出现，采取“土地换社保、土地换户籍”“土地流转”“撤村建居”等名义而实质进行土地城市化将会频繁上演。当然，这并不是说“土地流转”或“撤村建居”就一概不受农民的欢迎，近几年沿海地区高补偿的土地赔偿与安置款还受到农民的热捧。但农民自愿并获得政府高补偿，并不意味着这种交换就是完全正当合理的。在很多地方不能排除是因为农民在缺乏基本保障和社会福利权的情况下利用土地换取财富增长的无奈选择：农民采取纵向对比，觉得土地的生存保障功能在不断弱化，且在此之前政府亦没有提供基本社会保障，现在顺应政府的土地开发则能够分一杯羹并获得若干社会保障，相比以前生活水平总是明显有了提升。这种觉得短期兑现“划算”的认知，多少表明在长期片面宣传职工为国家做出贡献理应受到各种待遇，而农民自古以来缺乏国家保障却理所当然的情况下，农民自己对应享权利的发现，都还处在一个缓慢过程中，有时甚至还难以察觉。

更主要的问题在于：（1）一些地方政府大规模推进“土地换社保换户籍”及农民集中安置，甚至采用高补偿款，资金怎么来？相当多的地方政府本来就已经难以依靠预算内财政来运营城市，不得不依靠预算外土地财政。据财政部公布的数据测算，2013 年土地出让金占地方政府财政收入比重达到 59.8%，2014 年在房地产市场不景气的情况下也达到了 56.2%。很多地方政府还严重违反国务院关于获取土地出让金的用途比例规定，很大一部分不是用在农村社区建设上，而是抽去补充城市公共服务和基础设施建设。在这种情况下，政府以社区建设的名义让农民以土地换城市户籍和社保时，是必须要从中盈利的，否则内城翻新、外城开发及其城市公共治理与服务经费保障就无从谈起。也正因为如此，在大规模推进土地换社保的农村社区建设中，对农民能抠则抠，很难防止不出现半截子工程和半市民化的结果，包括社会保障不到位、公共服务不到位、市民权利赋予不到位、基础设施不到位、社区组织有效运行保障经费不到位，等等。

（2）土地与社会保障两者能否进行交换，本身需要进行严肃的政治、学术和伦理的审视。学术界目前持有三种主要观点。第一种观点认为，以土地换保障可以实现土地流转、解决征地中的问题，实现土地保障向社会保障的转型。如有研究者提出把社会保障引入土地社会政策中，通过土地使用权转让而将耕作者纳入社会保障体系，有改善农民福利状况、开发土地资源和推动经济结构调整的功能。① 有的提出，确立就业为先和制定合理的征地补偿标准的土地换保障，是失地农民分享工业化、城镇化和现代化成果的内在机制。② 还有的提出，不置换就意味着农民获得双重保障，对其他社会成员不公平。③ 第二种观点认为，土地换社保是对农民身份的差别对待，会造成对农民应有权利的损害和产生新的社会不公。如有研究者指出，为转入城市的农民提供社会保障方面的基本服务是政府的应有责任，是农民的应有权利，不应该作为交换的条件。④ 有的研究者则认为土地换社保具有

① M. Dribe & C. Lundh，2005，“Retirement as a Strategy for Land Transition：A Micro Study of Pre-industrial RuralSweden”. *Continuity and Change* 20（2）；T. Fellmann & J. M. llers，2009，“Structural Change in Rural Croatia：Is Early RetirementAn Option”. *International Advances in Economic Research* 15（1）。

② 卢海元：《土地换保障：妥善安置失地农民的基本设想》，《中国农村观察》2003年第6期。

③ 马小勇、薛新娅：《中国农村社会保障制度改革：一种“土地换社保”的方案》，《宁夏社会科学》2004年第3期。

④ 陈锡文：《当前我国农业农村发展的几个重要问题》，《南京农业大学学报》（社会科学版）2011年第1期。

一定合理性，但不能混淆补偿与保障，不能用补偿安置费来填补历史欠费问题。[①] 第三种观点是要求厘清土地制度与社会保障制度之间的关系，而后再来确定哪些是可以交换的、哪些是不能交换的。其中有研究者指出，土地制度已经形成了社会保障制度中的“土地保障”功能，但两者又有所不同，因此土地制度改革的前提是社会保障制度的创新。[②] 还有的研究者从资源的视角提出“土地”和“社会保障”的资源属性及衍生权利束是不同的，因而基本保障不可换，不能混淆补偿与保障以逃避政府责任，但补充保障可以换，能够利用地上权利及资产收益来添置非基本保障权益。[③]

上述两个问题是“以土地换社保换户籍”在农村社区建设中普遍遇到的问题。那么，J市是怎么处理这些问题的呢？

二　“两分两换”：J市的案例

J市农村社区建设始于2003年启动的“五个一配套”为主要内容的村庄整治，在2006年省里出台农村社区建设试点文件后，则着手把承接城市社区社会管理与公共服务的社区服务中心，嫁接到村庄制度上，但并没有改变原来村庄地域边界、治理机构和村民的经济权益关系。之后随着城乡统筹工作的开展而推出的“两分两换”工作，则深刻地扭转了农村经济社会结构，农村社区建设开始朝向重组基层社会组织结构、改变农民经济社会身份及其推进市民化的方向发展。被冠以“城乡一体新社区”的农村社区建设，则被视为推动“两分两换”工作的重要协同载体和结果。

1. 何为“两分两换”

J市地处长三角地带的核心区块，经济社会发展水平较高，下辖

---

① 杨一帆：《失地农民的征地补偿与社会保障：兼论构建复合型的失地农民社会保障制度》，《财经科学》2008年第4期。

② 黄祖辉、王朋：《基于我国农村土地制度创新视角的社会保障问题探析》，《浙江社会科学》2009年第2期。

③ 郑雄飞：《破解“土地换社会保障”的困境——基于“资源”视角的社会伦理学分析》，《社会学研究》2010年第6期。

2区、3县市，其中5县市均为全国百强县，经济实力较为雄厚。在农村劳动力转移方面，青壮年劳动力已经逐步从第一产业向第二、第三产业转移就业，并有相当一部分已在城镇置房定居。但是，受土地使用制度、户籍制度和社会保障制度等方面牵制，J市农业小规模兼业经营、农民建房散乱和农村宅基地闲置等问题也较为明显，并一向被视为严重地影响了J市现代农业发展、新农村建设以及工业化、城市化的进程。2008年，J市相继出台了《统筹城乡综合配套改革试点总体框架方案》《关于开展统筹城乡综合配套改革试点的实施意见》《关于开展节约集约用地试点　加快农村新社区建设的若干意见》《关于深化土地节约集约利用工作的若干意见》《H市新市镇扩大部分管理权限的实施意见》等一系列政策文件，这些政策的核心点是“两分两换”。

所谓“两分两换”，是指将宅基地与承包地分开，搬迁与土地流转分开；以宅基地置换城镇房产、以土地承包经营权置换社会保障。J市确定“两分两换”的总体目标为：力争通过5年的努力，全市有1/3的农民实现向城市、新市镇和中心村集聚，以各种形式流转土地面积100万亩以上，50%左右的农田实现规模集约经营。具体工作目标称为“五化”：通过土地流转规模集约经营，加快推进农业产业化；通过盘活农村非农建设用地存量和挖掘潜力，加快推进工业化；通过转移、培训和提升农民，加快推进农民市民化；通过加大以城带乡、以工哺农力度，改造农村、提升农业、转移农民，加快推进农村城镇化，最终实现城乡一体化。在这一过程中，全市规划体系为1640+X，即1个中心城市（J市），6个县市区行政中心，40个左右的新市镇，376个城乡一体新社区。

J市按照市辖区各2个，辖县（市）各1个的思路，在全市确立了首批9个试点乡镇（街道），分别是N区七星镇、余新镇，X区新塍镇、王江泾镇，S县姚庄镇、P市当湖街道、Y县百步镇、H市许村镇、T市龙翔街道。试点区域总面积为265.2平方千米，农户3.96万户，人口14.7万人，宅基地面积4.11万公顷。

对于各试点乡镇（街道）如何具体进行“两分两换”工作，J市的做法是按照上述两个文件的要求，由各县（区）或各试点乡镇（街道）制定具体的实施办法。虽然各地出台的具体实施办法略有不同，但是工作重心与主要内容都是一致的。总体来看，H 市以土地承包经营权换社会保障基本置换方式分为两种：一是，在“依法、自愿、有偿”的前提下，采取转包、出租、入股等方式全部流转土地承包经营权，流转期限在 10 年以上的，按照城乡居民社会养老保险中城镇居民的缴费标准和待遇置换社会保障；二是，在有农业投资开发公司承接和整片开发的基础上，鼓励农民全部放弃土地承包经营权，同时按照被征地农民养老保险政策置换社会保障。而以宅基地置换城镇房产方式为三种：在农民自愿放弃宅基地（包括住宅）的前提下，鼓励农民一是作价领取货币补贴到城镇购置商品房；二是到拆迁安置区置换拆迁安置（公寓）房或自建联排房；三是有产业用房的，可部分或全部到产业功能区置换标准产业用房。

对于以土地承包经营权换社会保障，具体做法通常是：按政策认定的人口，16 周岁以上补助 12000 元，16 周岁以下补助 4000 元。60 周岁以上农民可一次性办理城镇居民社会保险手续，次月起享受城乡居民社会养老保险中的城镇居民养老保险待遇。16 周岁以上、60 周岁以下的农民直接按城镇居民缴费基数办理年度缴纳手续。另外，土地全部流转的农民，每人每月还可享受 200 元生活补助，且有递增机制。对满 61 周岁的农民，政策规定要逐步提高养老保险待遇。如果土地流转期限超过 10 年，农户将按照城乡居民社会养老保险中城镇居民的缴费标准和待遇参保。此外，流转土地农民可享受城镇职工就业政策、失业保险和免费的就业培训。

以宅基地换城镇房产的具体做法则有所差异。各试点地区制订了不同的置换方案。如 S 县姚庄镇推出的是标准公寓房、复式公寓房和货币三种置换方式；N 区七星镇原则上采用集中公寓房安置，实际采用“公寓房安置结合产业用房安置、货币安置”的安置模式，农户可自主选择单一或不同组合的安置模式；T 市龙翔街道推出公寓房安置、统筹统建房安置、物业安置和货币安置四种安置方式。但总体来说，货币化安置的比例较低，大部分采用的是公寓房安置。截至

2013 年 5 月，J 市已建成城乡一体新社区 19 个（其中 N 区 3 个，小区 4 个，J 县 1 个，P 市 4 个，H 县 3 个，H 市 1 个，T 市 3 个），累计建成安置房 17419 户，已入住 11439 户，平均入住率为 59.7%，其中入住率超过 50.0% 的有 16 个，入住率超过 80.0% 的有 7 个。[①] 历时四年开展的“两分两换”城乡一体新社区建设，也仅建成 19 个，入驻户数 1.1 万多户，而普遍入住率则只有 50% 左右，足可想见其难度。

从 J 市 Y 镇推行的实际情况来看，主要存在着两种现实困境：一是，政府财政压力巨大，尽管政府从城乡建设土地增减挂钩中获取了土地出让金大头，但城乡一体化新社区涉及从环境、基础设施、公共服务与社会管理成本、农民社会保障、就业、社区管理服务人员工资等整体性的建设与运行经费，总体上入不敷出。据该镇一位干部介绍，因为该试点是典型示范社区，市、县投入力度极大，尽管如此，他们也要经常向省里、市里争取项目。这是一种典型的“虹吸效应”，即以试点、示范和创新获取政府与社会关注，从而形成强大的资源和社会资本吸附能力，来获取各种超常规政策、资源待遇。但其他地方要铺开，则缺乏这样的待遇和政策供给，因为社会资源总是较为恒定的，一个地方、一个领域多了，其他地方、其他领域则少，因此，怎么分配还涉及公共财政公平性的问题。二是，农村社会的层化亦越来越明显，不同的村庄与农民对土地换社保换户籍所形成的城乡一体新社区并没有普遍共识。这种共识本来不仅是认知上的，更是经济社会利益上的。据笔者 2013 年在 Y 镇的调查发现：一些农村个体经商户、小型私营企业主本来往往从村庄公共空间、村集体土地或人际互动关系中获益，而转入新社区后这些要素都将不复存在；一些生活不富裕的农户在新社区中将增加生活成本，如水、物业费、交通出行等，还面临农业生产管理的不便。至于原来熟悉的共同体成员的交

① 转引自赵定东、王洲《新型城镇化进程中城乡一体新社区建设的新单位化现象——基于浙江省嘉兴市的实践分析》，《华中农业大学学报》（社会科学版）2013 年第 6 期。

往关系则很难在新社区中再现了。①

2. 社区组织制度构建

按照J市新市镇和城乡一体新社区建设规划，原有村组边界要打破，村民向城镇或周边跨村组、跨村域，甚至跨镇集聚，多个行政村往往迁移到一个“X”点，新社区的人员要达到3000户约1万人。社区的人员构成则包括了拆迁安置户、土地复垦户、自愿置换户等，一些地方还有城市居民购房户，新社区因此呈现出更强的异质性。在社区基础设施与服务设施配套上，要求新市镇镇区内新社区的综合服务中心用房按50平方米/100户配建；镇区以外的新社区综合服务中心用房按以下标准配建：集聚规模不足500户的，按不小于600平方米标准配备；集聚规模在500户以上的，按以500户为基数配建600平方米用房，超出部分按60平方米/100户标准增加配建面积。每个社区服务中心一般都设置了“六室二站二栏一大厅一分中心一供销综合服务社”，即社区办公室、综合治理（民事调解）室、图书阅览室、综合活动室（党员活动、老年人活动、社区学校、远程教育等）、社区综合档案室和警务室，社区社会事务站（新居民事务站）、社区卫生（计生）服务站，党务、居务公开栏和科普宣传栏，为民提供政务、事务服务的“一站式”办事大厅，文体活动分中心（室内文化活动场所和室外健身场所），以商品连锁经营的生活资料、农资经营网点、便民农贸市场为主要内容的供销综合服务社，并根据居民需求变化逐步完善。

社区规模设置之后，J市开始统一设置社区组织管理制度，即建立社区党总支领导的、社区管理委员会（过渡时期的组织，运转机制成熟后撤销，依法选举并建立社区居委会）执行的、社区居民议事监督委员会的社区组织架构，同时建立社区社会事务服务站，作为乡镇

① 中老年人认为选择什么样的新社区楼层、小区和地段，与家庭经济实力相关，以前一起相处的以后就不太能相处在一起，所以会影响他们原来熟悉的交往和生活；他们还有很深的土地情结，如种植蔬菜给自己或子女，有些不一定都是钱的问题，是对子女的关心；社区里的活动空间也与农村不同，等等。

（街道）承办社会事业工作机构的延伸组织，为社区居民提供基本公共服务。[①] 在此基础上，针对新社区多元性、异质性的特点还设立了社区发展协调委员会，协调与原有村庄之间的关系，协调社区内涉及社区内部不同组织体系之间的关系。此外，针对新社区公寓型居住的特点，成立了物业服务中心，负责社区的环境卫生、维修维护、安全防卫等物业服务。

在过渡时期，成立社区管委会来暂代社区居委会的部分职责，负责城乡一体新社区的日常建设、管理和服务工作，对政府来说是必要的，但却存在着把政府机制或逻辑推到基层社会领域的弊病，而且在法理上也存在着困境。无论是宪法还是《居民委员会组织法》《村民委员会组织法》都明确把居委会和村委会界定为基层群众性自治组织，而社区管委会则两不靠，而且还会以行政方式干预自治。为此，2015 年中央出台的《关于深入推进农村社区建设试点工作的指导意见》中明确指出，严禁以“管委会”等机构取代村党组织和村民委员会。

在日常管理与互动关系维护上则要求完全引入城市化的“楼宇化”管理模式。如社区党组织下设的党支部不再以原先的行政村为单位，而是规定区分不同类型建立功能型、个性化、特色性党支部，即以功能划分来取代地缘要素；居民小组的设置打破各迁入村的行政隶属关系，实行以楼宇、楼道为单位划分为若干居民小组，实行楼宇化管理。这种单向借鉴城市社区日常管理与互动行为的方式，其本意可能是想促进原有不同村庄、不同类型的社区居民的融合与互动，即以更近的距离来进行交往、互动和管理。但是，在农民日常生活世界中，乡村的血缘和地缘要素已经融入农民日常体验、历史与生命共同体及其经济社会交往过程之中，因此简单地去除地缘、血缘及其在此基础上的经济社会互动不仅难以建立新的认同。在这样的城乡一体新社区中，新社区居民之间社会关系网络面临重建，复杂、临时、不确

① J市委办、市府办：《关于加强城乡一体新社区建设管理服务的意见（试行）》，J委办〔2010〕27。

定的社会关系网络将成为一种趋势，以至于虽然它被命名为城市社区，实质上既不是城市社区，也不是农村社区。①

在公共服务方面，相对于以前村级组织管理与自治服务而言，新社区在提供公共服务上有明显改进，特别是社区社会服务站（社区服务中心）集民政、社保、计生、综治、卫生等部门的服务更为齐全，水、电、煤气费代缴及其政府代理代办服务更为方便居民，并且还提供了相对齐全的物业服务。但是，公共服务配套设施、土地流转使用制度、户籍制度、城乡就业制度、社会保障制度等配套改革缓慢的问题也比较明显。如一些社区综合服务中心、社区卫生服务中心、文体活动中心配套建设缓慢，老年服务中心位置偏远，居家养老服务、儿童青少年服务、文体活动、社区融合性活动等直接为农村居民提供服务的能力有限、专业性不足、贴地性不够等。相当一部分农村居民认为，新社区除了在物理空间、环境和办理政府代办服务上有优势之外，似乎在其他方面也没有更多优势。此外，社区管委会和社区社会事务服务站工作人员基本都是由乡镇（街道）干部下派或招募专职社区工作者进行，工作重心往往以完成政府交办事项为主，直接深入到农村居民中走访、交流和服务较少。说到底，如果缺乏自治内容和载体的社区组织，社区工作人员必定以贯彻政府政策、获得政府体制内资源为导向，因为社区是政府主导型的，其资源和资金绝大部分都来自于政府，而获取这些政策、资源和资金就可以为社区办成事、出成绩，为工作人员带来升迁的机会，或是可以通过事业单位、公务员招聘来实现身份转型。

三　讨论

1.“两分两换”的逻辑是以“村民权”换“公民权”

J市“两分两换”中宅基地与承包地分开、搬迁与土地流转分开的

① 赵定东、王洲：《新型城镇化进程中城乡一体新社区建设的新单位化现象——基于浙江省嘉兴市的实践分析》，《华中农业大学学报》（社会科学版）2013年第6期。当然，这并不是说“楼宇化”管理没有益处，它在促进交流、增加彼此近距离感方面有相应功能，只是说简单地废除原有村落的联结机制，并不等于就会形成现代“邻里”关系与互动。

“两分”是基础，而“以宅基地置换城镇房产、以土地承包经营权置换社会保障”的两换才是核心，两换的指向是以农民放弃土地、征地拆迁来获取城市户籍和社会保障，由此来推动城市化，隐蔽的目的是获取土地城市化和土地财政。从社会学的视野来看，土地不仅是资源而且还伴生着社会关系，集体土地所有制中的土地体现的主要是村落共同体成员权即村民权；社会保障则是共同体成员权和公民权的结合体现，并且随着经济社会的发展与共享，社会保障中的人的基本权利和社会福利权越来越受重视，公民权也越来越成为社会保障权属的主要内核。而体现公民权的社会保障也就是基本国民待遇，并不需要通过交换而获得，而是理应获得的。J市的“两分两换”实质上是以土地上村民权来换取社会保障上的公民权，这实际上把农民排斥在公民之外，是不正当的。它背后蕴含这样的理念：市民享受社会保障，农民享受土地保障，而不能同时享受两种待遇。可是，“国家保障”和“土地保障”并不构成一种并列的选择关系。① 值得庆幸的是，J市及其成都“地票”交易等诸多地方所推行的土地换社保换户籍，招致学术界非议，也引起了中央政府的警惕。中央要求暂停，因此，J市的两分两换在2011年基本停滞，2013年已被新农村建设取代。

2. 即使可交换的部分，也存在着明显的不平等和剥夺

社会保障中的社会保险部分，即单位、村集体或个人缴纳的部分，体现的是共同体成员权，与土地的村民权有重合的部分，是可以进行交换的，但在J市的实践中、包括其他地方的实践中，存在着明显的不平等与不合理。一般而言，交换行为至少需遵守“自愿、等价、同步”三项基本原则，但从J市“两分两换”农村社区建设的实践做法看，这些交换都没能充分实现，农民更多的是在一种被迫无奈的情况下与政府进行的不公平、不合理交换。

首先从交换的自愿原则看，虽然J市文件规定，政策实施过程中一定要按照“自愿”的原则来进行“换”的工作，但是，很多地方使用了变相强制的方式。比如，有些试点地区的“土政策”规定，如果不

① 秦晖：《中国农村土地制度与农民权利保障》，《探索与争鸣》2002年第7期。

参加“两分两换”，则不发放国家规定的农村养老金；有些试点地区政府不给不愿进行“两分两换”的农民提供开闸放水等基本公共服务。这些做法，都是变相强迫农民“换”，不符合“换”的自愿原则。其次，从“换”的等价原则看，如果是真正的等价交换，那么用来进行交换的物质或权益的价值是由双方通过平等协商确定的，但是在“换”的价值计算方面，却存在明显的政府单方决定的特征。如在宅基地换房的过程中，农民原有的旧房价格核心问题，实际上所有的试点地区的旧房的价格都是政府单方确定的。农民普遍认为定价过低，并且没有充分考虑房屋的建造年限问题，为此十分不满。以土地承包经营权所换来的社保，其实只是基本养老保险，并没有涵盖医疗、失业、工伤等其他基本的社会保障，农民普遍觉得保障层次、范围、水平过低，对农民没有吸引力。最后，“换”应是及时的换，“拿”可以快，“还”当然也不能是遥遥无期变成空头许诺。然而，一些地方在以宅基地换城镇住房，主要是城乡一体化新社区的住房，往往要等上一两年，一些农民不得不外出租房，而政府所能提供的租房补贴非常有限，农民需要倒贴来付房租，怎么可能感到公平?

3. 城乡一体新社区缺乏共同体有机衔接功能

无论是农村社会、城市社会还是之后崛起的大众社会，社区存在的价值总是与社会相对应的，它必须具有社会所不存在的独特联结方式，但同时仍然能够与城乡社会相衔接。一般而言，这种联结方式要体现为社区内部的整合及与社会外部的链接功能并重。[①] 社区内部联结属性并非交换关系，而是互惠关系，是要建立在信任、平等、沟通、公共参与精神之上；而社区外部的链接则可以建立在交换基础之上，如资源、人、物、商品、信息等的交换。社区必须具备上述两种功能，方能使得社区既有共同体感，又能与外部社会变迁相适应、相协调。在J市推行的城乡一体新社区建设中，这两种功能不能很好发挥：一方面，政府主导型强制规划的社区打破村组、打破既有邻里

① 冯钢：《整合与链合——法人团体在当代社区发展中的地位》，见冯钢、史及伟主编《社区：整合与发展》，中央文献出版社2003年版，第31—45页。

（由于新社区住房的选择是以补偿的款项和家庭经济实力来获得的，这就意味着原有混合居住特征的丧失）的以城市“公寓化”管理为方向，新邻里的形成具有明显的不自然。而原有农村社区成员的同质性是与土地、生命历程与体念、日常生活习性、经济联系、仪式与宗族、民主参与、共同活动等要素密切结合的，仅仅使用身份或职业同质性是难以解释的。在城乡一体新社区建设中，这些特质不被关注，社区管委会又具有极强的行政功能，社区公共服务与活动的展开主要是如何配合政府进行有效管理与服务，社区社会组织的发展还缺乏机制等，这严重影响了新的可用于替代的互惠机制和公共精神的产生。

4. 城乡一体新社区的社区发展模式是什么

按克里斯滕森归纳，社区发展模式主要是技术支持模式、冲突模式和自我帮助模式。[①] 其中技术支持模式提出在社区参与水平低的情况下，社区领导要寻找可以带来资源的外来公司、专家人才来解决具体问题；冲突模式寻求突破现有的社区权力机构来建立新的追求公平、公正的社区组织或联盟，并用直接的行动加以改变；自我帮助模式强调建设公民能力，开展集体活动和行动来使变革过程制度化，因此强调参与和民主决策。这些模式毕竟是基于西方社区发展的经验而提出来的，对中国尤其是中国农村社区的适用性到底如何，有待于在本土化实践去发现。一般而言，在参与水平低的第一种社区，寻找技术支持显得很必要，但它针对具体问题而进行，而且往往需要采用聘请职业代理人的方式进行；第二种模式要求以催化冲突方式来进行社区权力重构，往往是对权力和资本的抵制；第三种模式则要求公民强化自身的能力和公共参与精神。城乡一体新社区发展模式不与以上任何一种模式完全匹配，看上去似乎又是结合三者优点而呈现为混合型发展模式，如强化政府和专家的技术支持，增强无权者和弱势者的组织化和参与，提升社区居民能力和公共参与精神，都能找到某些政策考虑或表述。但是，对于混合模

---

① James A. Christenson 1989. “Themes of Community Development”, in Christenson, James A. and Jerry W. Robinson Jr. ed., *Community Development in Perspective*. Ames: Iowa State University Press, pp. 28 – 48.

式中各种价值定位、手段选择如何衔接与配置，实际上还没有自觉关注，所以反而很难避免产生意外结果，例如，强化政府与专家技术支持，会形成社区对其依赖，并影响居民参与和行动；强化弱势群体组织化和权利，如果采取冲突方式却与既有的基层社会治理明确要求和谐稳定相冲突，等等。因此，没有明晰的混合策略相应的实现与运行机制，混合发展模式就不能避免徒有其名。

第二节　哺农型农村社区制度建设

如前章所述，到目前为止，大部分农村社区建设还主要是在村庄既有治理制度基础上“嫁接”社区化的管理与服务，即村民自治是政治性单元，社区是农村社会服务管理单元；主要做法是设立社区服务中心或公共服务站（点），承接政府对农村的管理与服务工作。此外，农村社区建设一般也不对农村地区既有的土地产权制度、户籍制度、社会保障制度等基础性制度进行调整。从严格意义上说来，农村社区建设总体上还没有进入自觉进行城乡社区衔接的阶段，因为它既不包含区块发展的理念，也没有在农村地区的基础性制度上推进与城市社会、整个外部大社会的系统性的、有机衔接；甚至，国家在有财力、有力量的情况下对农村地区的公共设施与公共服务作出了投入，但是投入水平和方式本身却依然与城市有较大差距。就此而言，城乡目前依然采取了两套截然不同的社区组织服务体系，而不同的组织体系又会在某种程度上进一步固化既有的城乡利益格局和资源投入水平。①

① 例如，在设立农村社区服务中心的大部分地区，只是在服务中心建设上进行了政府的一次性投入，一次性投入也只占整体服务中心建设经费的1/3 到1/2 左右，即使有些地方进行了适度保障性运行经费的投入，但也只有投放在社区办公人员和服务中心开门费上，对于社区服务中心开展直接为农民居民提供的服务，如医疗卫生服务、儿童青少年服务、环境保洁服务、社会组织服务、邻里互助服务、文体服务等，连续性的投入甚为有限，甚至没有。当然，这种类型的农村社区建设，在一定程度上还是提升了农村基本公共服务和社会管理的功能，部分地推进了哺农型社区制度的建设，但距离以城乡衔接的社区制度来改造和提升农村地区，进而为消除城乡二元体制提供基础型条件的发展方向，差距不可谓不大。

但是，也有一些地方开始逐渐认识到农村社区制度的建设并不应该仅仅只是嫁接城市社区化管理与服务，而是应该作为重组农村经济社会制度并改革城乡二元化的工作，应该通过农村土地制度改革与户籍制度改革，理顺农村经济与社会发展关系，推动资产、资源和人口等要素的自由流动，应该通过财政支付和社会保障制度来推进农村基础设施与公共服务，在此基础上推进城乡一体的社区治理制度。相较于争利分利型农村社区制度设置和只在村庄基础上嫁接城市社区化管理服务的社区建设，这是一种较为典型的哺农型社区制度建设设想和尝试。它的基本点在于，并非以扫荡农村、整理土地、消灭农民户籍为出发点，而是以保护和增益村庄及农村居民权益为目标；针对农村的社区与经济生活重叠交叉的突出情况，区分自治组织与经济组织，区分农村居民的社区社会成员身份与经济成员身份，把自治架构在社区层面；通过政府公共财政投入支持农村公共设施与服务，为推行城乡一元的社区治理制度提供必要支撑条件。尽管具体实施过程一定会受制于有一些农村基础性制度改革（如土地改革）的非同步性及其公共财政财力，使得农村社区在社会保障、公共服务设施与服务水平等方面还与城市有差距，但总体方向和主要做法是朝向城乡社区衔接，尤其是社区治理组织与制度架构及其配套的社区基础设施与公共服务方面，则力争与城市接轨和一体化。

在哺农型社区制度建设方面，浙江 W 市的设计和实验探索具有一定的代表性。本节观察和描述 W 市农村社区制度建设的基础性制度、城乡一体社区治理制度构架与运行机制方面的初步尝试。

一　农村社区基础性制度供给

随着城市工业化和乡村工业化的发展，W 市出现了大量经济发展较快的“村级村庄”及其依附于城市的城中村、城郊村，同时，在工商业迅速发展的背景下，农民从事非农产业的比重越来越大。然而，受制于现行的农村土地、产权、户籍、社会保障、公共服务、基层社会体制等城乡二元制度的影响，城乡之间人口、资产、资源等要素难以自由流动，农民难以真正市民化，城乡二元差距还难以缩小。

在此背景下，2011 年 1 月 W 市出台了“关于加快城乡统筹综合配套改革的若干意见”等“1+12”系列文件，要求经过五年的努力，在农村土地、住房、集体资产产权制度，城乡社会保障制度、户籍制度，农业经营管理、公共服务均等化等关键环节，在村镇管理体制、城乡建设机制和农村社区基层组织建设等方面，建立城乡相对接和一体化的体制机制，来逐步改变城乡经济社会二元结构，形成城乡一体化发展格局。这一系列政策的核心是指向要素无障碍流动和市场化配置的“三分三改”。

“三分三改”指政经分开、资地分开、户产分开，以及股改、地改、户改。[①]“三分”中的政经分开是把村“两委”组织和村级集体经济组织分开，把农村居民社会成员身份和经济成员身份分开，以保障村级组织有效运转和社员正当合法权益；资地分开是把非土地资产和土地资产分开，从而为分类处置和优化配置创造条件；户产分开是把户口与产权关系分开，使农民在农村所享有的各项权益不因户口转换而改变。“三改”中的股改是指对村级集体经济中的非土地资产进行股份制改革，按现代企业制度运行，而土地资产建立土地合作社，保持集体所有制性质不变；地改是指农用地在“三不变”（权属不变、用途不变、量质不变）的前提下进行流转，宅基地的用益物权用来帮助农民进镇进城，农村集体建设用地进入市场；户改是指以两实（实有人口、实有住所）按居住地登记户口的户籍管理制度改革。

在“三分三改”的基础上，W 市提出了区块化发展的思路，要求确立 1 个大都市核心区，6 个县城为副中心，50 个具有区位优势、产业依托和自身特色的中心镇的“1650”大中小城市网络型组图式都市区发展格局。在这一过程中，都市中心和副中心建设要求打破原有乡镇（街道）性质区划的限制，依据功能和定位建设区域性中心镇，并强化其公共服务职能和人口、产业集聚功能；另一方面，对农村地区提出“对接”概念，要求以农房改造集聚建设来形成中心镇

---

① 《中共 W 市委市人民政府关于加快城乡统筹综合改革的若干意见》（W 委〔2011〕1 号），2011 年 1 月 1 日。

（功能区）建设的“1 + X”体系（1 个中心镇主集聚区，以及 X 个中心村新社区）；而在农村新社区管理服务体制建设方面，要求在“三分三改”和户籍制度改革的基础上逐步把村委会过渡到社区居委会，形成城乡统一的社区组织管理体制。

与此同时，W 市也开始逐步推进户籍制度和社会保障制度的改革。其农村户籍制度改革的重要特点是还原户口本来的社会管理功能，实施农村居民与村集体经济成员身份分离，剥离出原先依附于户籍制度之上的村居选举、就业入学、社会保障、土地承包、房屋拆迁、计划生育、公共服务等附属功能，实行城乡统一的居民户籍制度。这为城乡实行统一的社区治理制度奠定了法理依据，在我国实行的城乡二元基层社会治理制度中，其各自的法理基础是户籍身份不同，由此城市居民实行《居民委员会组织法》，农村村民实行的是《村民委员会组织法》，而在“三分三改”和建立以居住登记地为核心的户籍制度情况下，从社会身份上把村民整体转化为居民，打通《村民委员会组织法》过渡到《居民委员会组织法》的通道。更为重要的是，农民户口的转变并不消除农村居民原来所享有的各项经济与社会权益，在经济权益上，户籍制度改革后不改变原村集体经济组织成员的权利与义务，如在土地合作社中的权益、非土地资产股份化改造的权益等；在社会权益上，户籍制度改革前为农业户口的，继续享受农村居民计划生育政策，等等。

在社会保障制度建设上，其城乡统筹的社会养老保障制度着眼于城乡衔接和提高农村居民待遇。衔接，体现在取消身份与户籍限制，鼓励从事个体经营与就业的劳动年龄的农村居民，灵活就业人员参加基本养老保险；参加城乡居民社会养老保险的城乡居民因就业可以转化成基本养老保险；被征地农民不仅实行“即征即保”，纳入被征地农民基本生活保障，而且对于其在劳动年龄阶段参加基本养老保险的，缴纳的被征地农民生活保障费全额折算为基本养老保险缴费年限。提高，则体现在以集体土地承包经营流转来增益，特别是针对以租赁、入股等形式长期（10 年以上）全部流转土地承包经营权的，提高财政补贴。对于社会基本医疗保险制度，主要强调职工医疗保险、城镇居民医疗保险和新农合制度之间的可衔接、可选择和可转换。对于失业保险制度，则强调不分城乡、不分户籍，建立统一的失业保险制度。

尽管W市的“三分三改”及其建立在此基础上的土地与产权制度、户籍制度、社会保障依然有明显的加快城市化的意图或色彩，如对农村土地的窥伺与整理，社会保障制度依然以城市保障为主，汲取资源的主要用途还是集中用于在大中小城市发展，但是这些涉及农村综合改革的基础性制度设计，在总体方向是致力于在固化和增益农民的基础上推动农民向市民的转化，有利于推动人口、资源、资产等要素的自由流动，进而为形成城市与乡村社区的对接和区块化发展提供条件。同时，对农村土地、产权和公共设施的改革，也在强化政府在农村地区的角色和投入意识。

二　社区规模的设置

朝着城乡衔接方向进行农村基础性制度建设，必然涉及乡村社会的承接载体与机制，而既有的以户籍和集体土地权益为基石的村庄制度显然难以有效应对。农村地区新建立的基层治理制度需要应对这一态势。因此，相应实行城乡一元的社区组织与治理的制度也成为必然。但是农村社会毕竟还有区别于城市社会的不同特性，如经济产业特点、经济与社会属性的高度耦合、农民日常生活形态与文化特点、村庄治理制度的惯性等，这意味着农村社区制度既不能与城市社区制度重新形成二元，又不能简单地照抄或者模仿后者。

在推行城乡统筹综合改革之前，W市及县市下设有乡镇（街道），一些乡镇下设有管理区（办事处），对村委会实行分区管理。2010年年末，W市设镇118个、乡142个、街道办事处30个；全市常住人口1106.80万，有313个社区居委会，192个居民委员会，5405个村民委员会；以常住人口测算，行政村平均常住人口为573.46人，200—1000人的行政村多达3141个，占58.10%，最小的村庄只有几十人。这种低、小、散的乡镇和村级布局，导致管理层级多，管理和服务成本高；同时，随着城市化和工业化的发展，农村人口向城市地区的流动，还出现了大量空壳村、空心村，一些村级组织的负责人也经常外出经商和打工，村级组织的服务能力极为有限。为此，W市启动了城乡统筹综合改革，要求按照“1650”都市网格型组团式发展要求推进乡镇村的“转并联”工作，为新型农村社区治理制度的建设提供物理空间和人口集聚要素。主要做法是，将原来290个乡镇（街道）合并至131个，缩减率为54.83%，并采取办事处与社区合一的过渡性办法——依托管理区建设新社区，由办事处主要承担社区组织管理工作——逐步撤销乡镇下设的管理区；同时，用“转、并、联”的方式对原有以单个行政村为单位设置村级组织进行改革，形成789个城乡一体新社区。

按城乡一元重构后的新社区，平均每个社区居民为1万人左右，按常住人口计算则达1.16万人；社区的地域面积扩大为平均每个社区14.83平方千米，联村构建的社区有的达到20—30平方千米。以LQ县YD镇为例，它下设白溪、雁山、海滨、环城和沙门岛五个社区，大部分社区由5—6个村构成，人口在1万人左右，地域面积基本都在10平方千米以上，其中环城社区和雁山社区分别达到22.27平方千米和30.6平方千米（见表5-1）。W市南部的R市、PY县、CN县、WC县、TS县等县市，社区中村庄的构成数和地域面积更为庞大，很多社区往往由10多个村庄构成，一些社区由20—30个村庄构成，如CN县灵溪镇渎浦社区常住人口3万人，由18个行政村构成，WC县珊溪镇西龙社区地域面积达到38平方千米，PY县的闹村社区由20个村构成、地域面积达到46.9平方千米。

表5-1　　LQ县YD镇社区重构后基本情况

社区	拥有村庄数（个）	常住人口（人）	地域面积（平方千米）
白溪	5	9532	10.12
雁山	6	8659	30.6
海滨	7	10449	10.15
环城	9	14047	22.27
沙门岛	5	5611	6.98

乡镇撤并与村级组织“转、并、联”，在把城乡社区规模做大时，

还涉及基层政府职能转变、社会管理创新、公共服务有效供给，以及政府机制、市场机制和社会机制的整体性协作和整合，它试图通过推进“大社区”整体性建设为基层社会管理模式的重构提供载体和平台。但是，“大社区”又涉及了是否可能有效提供居民所需要的服务管理的典型命题，结果好坏尚难遽断。① 如若只是简单考虑成本—投入的经济效益，而不考虑社区治理服务的效果，那么社区规模大是没有意义的。此外，它需要同时考虑原有行政村功能的再定位，以便发挥原有行政村在衔接大社区与各村、村民之间的关系的作用。具体来说，需要处理以下几组关系。

一是，“政社关系”，即政府组织与社区之间的关系。在这种关系中，首先，要明确社区的性质和定位，其次要明确政府在社区中的角色与功能，最后还需要明确政社之间的互动是在什么层面上可以是实现的，通过哪些工作机制实现相互衔接，如社区准入制度、政府购买服务机制等。尤其是在大社区治理架构下，社区自治功能与协助政府功能如何平衡，需要在组织、人事、服务管理和工作机制四个层面进行有效的边界界定。

---

① 关于“大社区”的建设是否可能及其可为的问题，西方国家有过相关的实践。如美国和西欧提出的总体规划的社区（MPC 社区，Master Planned Community）都是一些大型社区，这些社区的设计和运行极为强调政府社会职能的转型和调整，关注市场和社会机制的参与及其大公共服务体系的建设等。如美国伊利诺伊州的奥克布鲁克（Oak Brook）社区，地域面积达到 21.4 平方千米，人口为 8702 人；得克萨斯州伍德兰兹（Woodlands）社区，地域面积为 61.8 平方千米，人口为 5.5649 万人。（张庭伟等：《美国 MPC 社区——规划·设计·开发》，中国建筑工业出版社 2009 年版）这些 MPC 社区是一个从项目选址到具体的开发细节和运作都经过整体性规划和设计的社区，注重政府与市场或社会组织等“公司合作”模式，注重社区特色和可持续发展来吸引入住者，要求社区中心的建设要具有混合功能，公共空间的功能、行政管理与综合服务的功能、商业的功能、庆典和公共生活的功能，同时要建立在人口集聚和功能聚合的区域。在北欧，大社区设置比比皆是。如丹麦的社区规模（不含哥本哈根和腓特烈堡），0.5 万人以下的占了 5.9%，0.5 万以上至 1 万人占了 43.6%，1 万以上至 2 万人占了 30.4%，2 万以上至6 万人占了 17.2%，6 万人以上占了 2.9%，其社区地域面积从 50 平方千米到 1500 平方千米都有，如博恩霍尔姆郡是丹麦最小的郡，有 5 个社区，44529 人，地域面积 588 平方千米，平均每个社区 117 平方千米，而西西兰岛郡、斯托海峡郡、菲英郡等社区面积都在 1200 平方千米以上。

二是，“村社关系”，即村级组织与社区之间的关系。通过社区选举实现村级组织体系向社区组织体系平稳过渡后，村级自治职能主要转移到社区，村委会转变为社区内的居民理事会，具有行政性质的社区管委会转变成自治性质的社区居委会，从而形成新的村社关系。在新的村社关系中，村社组织之间是如何衔接的？即一方面，村级自治组织功能转化后，它存续的必要性是什么？在原村级层面扮演什么新角色？另一方面，社区居委会公共服务与管理功能如何沉降和延伸到原村级层面，其组织、人员和服务之间是如何衔接的？这些都需要用制度加以明确。

三是，“社区内部各类组织间的关系”，即社区党组织、社区居委会、社区议监会、社区社会组织、社区经济组织、社区群团组织、社区志愿者组织等七大组织内部的关系，以及这些组织与社区公共服务中心之间的关系。一方面，要明确七大社区组织与一中心的性质与定位；另一方面，要明确各自在社区服务与管理中所发挥的功能，以及它们之间如何协调与合作，具体的机制是什么，以及如何通过协调合作总体上形成政府机制、市场机制和社会机制的衔接，以便在社区形成政府、市场和社会各负其责的现代社会管理服务体制。

三 社区重构：组织设置与运行机制

在“三分三改”和户籍制度改革，村民转化为居民，“转并联”后的各村庄依法撤销村民委员会这一基层群众性自治组织，成立社区居民委员会作为基层群众性自治组织，同时设立社区党组织、社区议监会、社区群团组织、社区经济组织、社区社会组织、社区志愿组织和社区服务中心等组织与载体；而在原行政村层面，设置邻里党支部（专业型党支部、功能型党支部）、XX 居民理事会、XX 村经济组织等三个组织来承接村级层面的工作，其中 XX 居民理事会是协商性社会组织，负责在原行政村层面上公共服务和社会管理及上情下达的贯彻落实。也就是说，W 市社区组织重构要在社区层面和原行政村层面进行组织及职能设置，并处理好社区与原行政村之间的关系，而在社区层面，还要处理好社区内部组织和政府延伸到社区进行社会管理与公共服务平台—社区服务中心——的关系，即社区与政府的关系，此外，还要处理好社区与外部社会、社区自治组织与村集体经济组织之间的关系。具体来说，其组织及功能设置与运行机制如下。

1. 社区层面上七组织与一中心设置及关系

（1）七组织一中心设置（见图5－1）

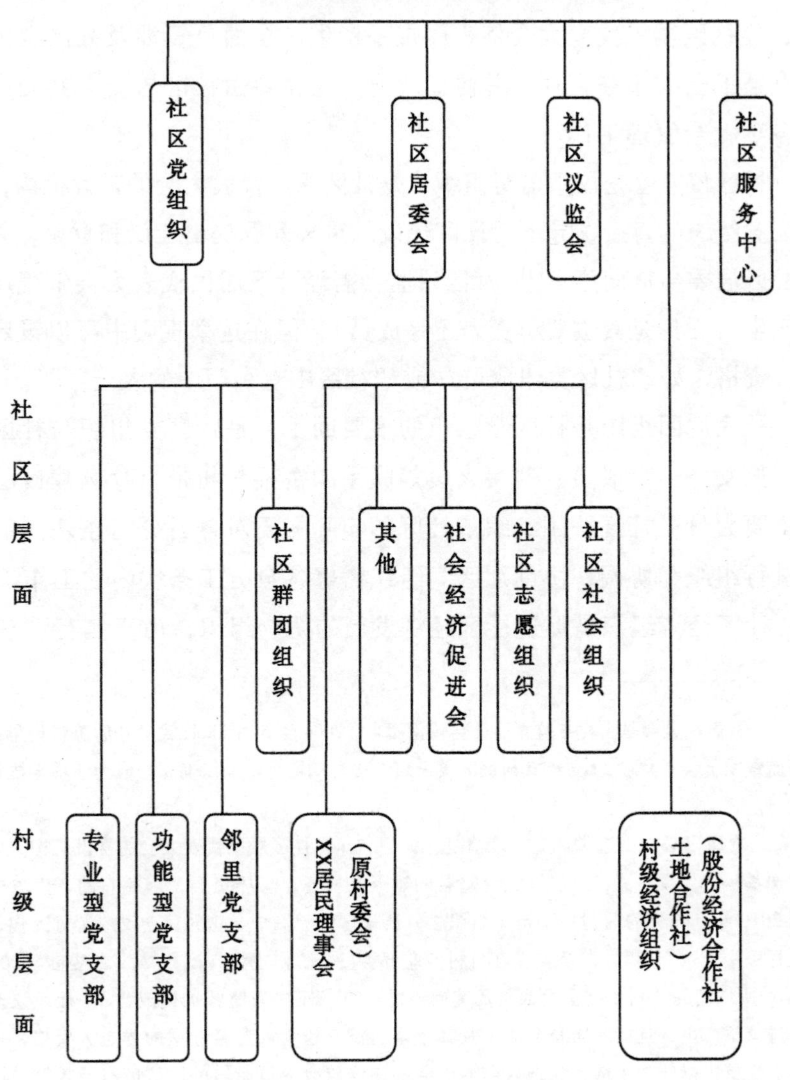

图5－1　W市社区中心组织与平台架构

按照社区性质定位和功能定位，在社区中心设置社区党组织、社区居委会、社区议监会、社区群团组织、社区经济组织、社区社会组织和社区志愿组织等七大组织和社区服务中心一个工作平台。

社区党组织居于社区组织体系的领导核心地位，是党的路线、方针、政策的执行者，是社区政治生活和社会生活的组织者和直接参与者，是居民群众根本利益的代表者。

社区居委会是基层群众性自治组织，是社区居民大会的执行机构，经社区居民代表大会依程序选举产生，全面负责涉及社区全体居民利益的公共事务管理，并协助政府开展需要由社区居委会共同参与的各项社会管理工作。

社区议监会是议事监督组织，是社区居民代表大会的常设机构，在社区党组织的直接领导下对社区建设的重大问题提出建议和意见，并督促社区居委会贯彻落实。[①] 社区议监会需经社区居民代表大会依程序选举产生（无论是其主要负责人还是成员），但在选举规则中可以设定候选人资格，如“社区党组成员”或“社区中有名望中的人士”等。[②]

社区群团组织是社区党组织的重要助手，是社区党组织与社区团员、妇女、工会成员、残疾人员等联系的桥梁与纽带，社区建设的一支重要力量；社区群团组织依社区的实际需要对各自分工条块内的工作进行组织和协调，协助社区党组织做好各自分工条块内的工作。

社区经济组织是促进社区经济发展的协会组织，由于实行“三分

---

① 社区议监会是由村务监督委员会转化而来。2004 年 6 月 18 日武义县后陈村最早推出村务监督委员会，并在 2010 年《村民委员会组织法》的修订中加以确立，成为一项全国性的制度。

② 之所以必须由选举产生，理由是：一、它作为社区居民代表大会的常设机构，必须通过选举程序体现民意；二、社区议监会的雏形是村务监督委员会，因此它的产生方式可参照 2010 年新修订的《村民委员会组织法》所规定的“其成员由村民会议或者村民代表会议在村民中推选产生”，以及《浙江省村务监督委员会工作规程（试行）》（浙委办〔2010〕80 号）所规定的“村民委员会成员及其近亲属不得担任村务监督机构成员”。社区议监会应通过选举产生，且社区居委会成员及其近亲属没有作为议监会选举的候选人资格。社区党组织成员可以作为候选人参选议监会，但其在议监会成员所占的比率应有所控制，以体现议监会成员构成的社区代表性（如，若社区党组织书记通过选举兼任议监会的主任，那么社区党组织副书记就不宜兼任议监会的副主任，《浙江省村务监督委员会工作规程（试行）》（浙委办〔2010〕80 号）中亦有明确规定）。

三改”后，集体经济组织（经济股份合作社、土地合作社）的运行逐渐成为法人实体，其利益固化在社员身份上，因而，其成员与社区居民并不一定重合。但在社区可以成立经济促进会，以协会的方式来发挥沟通桥梁和服务的功能。

在社区居委会下设置社区社会组织和社区志愿组织，其中社区社会组织是提供社区服务的非营利性组织，具有提供互益性、公益性服务或获得政府购买社会管理与公共服务的职能；社区志愿者组织是无偿为社区提供服务的公益性组织，社区志愿者组织协调、联络并组织社区内外的志愿者，提供基于社区需要的志愿互助服务，不断提高居民自我服务的意识和水平。

社区服务中心是政府在社区设立的社会管理与公共服务平台，办理政府及其组成机构下垂的各项与居民生活密切相关的直办、代办事项和社会管理与公共服务事务，它受乡镇（街道）政府的领导和政府职能部门的业务指导，其人员主要由乡镇街道下派干部和专职社区工作者构成，中心负责人可由街道直派，但不宜由社区居委会主任兼任；① 同时，社区服务中心作为政府延伸到社区的管理服务平台，可以承担起集中、统一发包政府购买服务的“发包方”角色。② 社区服务中心主要的运作方式是“权随责走”，体现的是基层政府与社区服务中心之间的垂直管理关系上（而非基层政府与社区居委会之间的关系上），其目的是为了让社区服务中心有能力向社区居民提供他们所需的公共服务（见图5－2）。

（2）七组织一中心之间关系

七大组织是“社区性”的，社区服务中心是政府性的（即政府的派出平台），前者的功能主要是为了满足居民共同体成员的需要和协助政府完成公共服务事项，后者的功能主要是为了实现政府的公共

---

① 社区服务中心负责人可以由街道直派或社区党组织领导兼任，但不宜由社区居委会兼任，否则难以实现在“政社分离”前提下的“政社合作”。这也是民政部最近五年来主抓社区建设、社区服务中心建设中遇到的最大问题之一。

② 这里作为“发包方”的社区服务中心只是代理政府有关购买服务的具体事务，而并非它就是政府购买服务的行为主体。

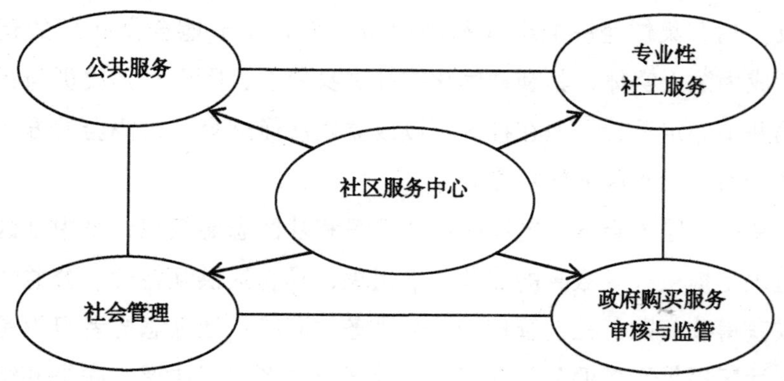

图 5－2　社区服务中心工作模块图

服务和社会管理供给。七组织与一中心可以相对集中办公，强调功能协作互补，但彼此不是领导与被领导的关系。它们都是在社区内工作，存在着工作上的交叉和协作需要。

为便于坚持新社区的基层社会自治体的性质，同时整合发挥社区作为官民共治平台的功能，并有序推进社区工作从条线垂直管理模式向横向整合管理模式转变，W 市在七组织一中心之间建立了社区协调机制（即联席会议机制或大党委机制）。它可以由社区党组织牵头，七大组织和一中心的负责人或代表共同参与处理“政社关系”，协商、协调社区组织与社区服务中心的合作。

社区协调机制通过社区联席会议制度确保社区层面的各个组织及中心在社区发展问题上都有话语权，从而提升社区发展的合力、平衡社区的政府性（社区服务中心）与社区性（七大组织）关系。具体协调事项包括：①协调社区服务中心与社区居委会就政府服务管理事项需要社区协助的相关事务的沟通和商议；②协调和监督政府职能部门派驻社区服务中心的工作，使其不能越权来指挥或干预社区各类组织的正常运行；③协调社区内各大组织共同参与政府在社区设立或开展的各项创建和宣传活动。

此外，在社区服务中心直接代办政府公共服务于社会管理事项之外，政府还需要社区协助的事项则建立了政社分离的社区准入制度，对涉及的主要是本属政府应该履行的公共管理和服务职责范围，但因各种条件限制必须由社区组织协助才能完成的管理和服务事项进行准入，并且从法律政策上明确哪些是需要协助的事项，在方式上还建立了契约合同制度，把以往各种政府指令的行政责任书转变为委托性的契约合同。政府相关职能部门可以以“费随事转”的方式委托给社区居委会办理，且社区居委会能够办理的各种项目：政府各相关职能部门就具体委托事项的工作目标、要求、管理和服务费用的金额及付费方式、委托事项的评估验收等进行商谈，订立委托合约，双方形成委托管理和服务关系。政府委托部门与社区居委会双方在合约的基础上形成平行的代理关系：政府委托部门可以依合约要求社区居委会按时完成所委托的工作；若社区居委会的工作未达到合约所约定的要求和标准，可以依约定扣除一定比例的应付费用作为社区居委会的违约赔偿；但社区居委会不接受政府委托部门就委托工作对它进行行政考核，也不对委托管理和服务事项承担相关行政责任。

（3）七组织内部关系

在社区七大组织中，社区党组织依法处于核心领导地位，其对社区居委会、社区议监会的领导是一种决策体制机制的领导关系。主要依据现行的《居委会组织法》等法律和政策，社区党组织、社区居委会和社区议监会是社区内治理的主体，其中党组织扮演着领导者角色，社区居委会扮演着执行者角色，社区议监会扮演着议事和监督社区居委会的角色，是社区权力的“三驾马车”（见图5－3）。

这种决策体制机制的领导主要体现在：一是，职责规定上，明确以决策为中心内容的社区党组织职责，进一步强化政治导向、决策把关、思想指导，监督保证、组织发动的职责；二是，在决策内容上，明确规定，凡属党的路线方针政策的贯彻执行和事关社区工作全局以及居民群众切身利益的重要事务，都必须经过社区党组织的研究决定；三是，在政策上有明确的领导与被领导关系。

社区党组织对社区社会组织、社区经济组织、社区志愿组织的领导是通过建立组织覆盖来进行领导，即通过党建工作建立这些组织中的党支部或党小组，并且隶属于社区党组织，同时提倡通过法定程序，实现这些组织的领导成员与该组织的党支部（党小组）领导成员交叉任职。也就是说，通过党组织制度上的全覆盖来实现组织领导关系。

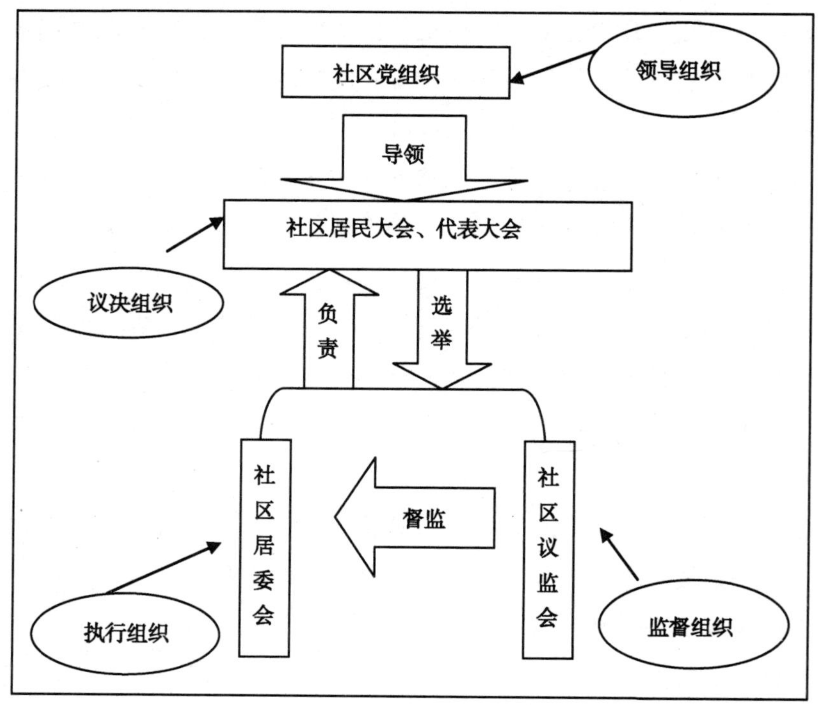

图5-3 社区党组织、社区居委会、社区议监会三者关系图

社区党组织对社区群团组织是直接的领导与被领导关系，其直接性体现在：一方面，社区党组织领导和指导社区内的群团组织开展工作；另一方面，社区内的群团组织要增强党性观念，自觉接受社区党组织的领导，在党组织的统一领导下开展工作，发挥作用。

在社区居委会中下设社区社会组织、社区志愿者组织、社区经济促进会、某某居民理事会等各种功能性组织，社区居委会对其提供指导和监督功能，这些组织也可在政府购买服务中发挥重要提供者的角色。社区居委会与这些组织就如何增强居民间的交流、促进居民间的互帮互助互相合作、互相支持：社区居委会为社区社会组织、社区志愿组织等提供活动场地，并帮助它们向政府申请活动经费的补助；而社区社会组织、社会志愿者组织等在社区居委会开展社区活动时协助其做好居民的组织动员工作。

2. 村级层面上的组织设置与关系

为确保有效承接原村级层面上的公共服务与社会管理，在原行政村层面上的村党支部过渡为邻里党支部（或功能型党支部和专业型党支部）①，隶属于社区党组织，形成社区党组织（党委）——邻里党支部（功能型党支部、专业型党支部）两级党组织体系。

村委会自治职能转移到社区，村委会过渡为××居民理事会，成为社区社会组织，其人员构成在过渡期内在村两委成员中提名，由社区居委会聘任，过渡期后，按照社会组织的选举办法产生，由社区居委会聘任。居民理事会是社区居委会指导下负责村级层面上公共服务和社会管理及上情下达的贯彻落实的社区社会组织。在过渡期及融合期内，居民理事会实际上是社区居委会在村庄中的一个服务与管理驻点。由于在过渡期内享受现有村两委待遇，并由社区居委会聘任，这实际上是"政府购买服务岗位"的理念和方法，既然政府购买了服务岗位，那么岗位上的人员就得履行相应的服务与管理职能。即使在过渡期完成后，居民理事会按社会组织选举办法产生，但考虑到村社融合、集中居住及社区中其他功能型社会组织还难以完全承接村落范围内的服务管理工作，居民理事会和政府购买岗位的做法应长期存在，并适度向购买服务的方向转变，即以服务多少、服务质量来测算薪酬待遇。

村经济合作社按照动产与不动产的区分，成立股份经济合作社和土地合作社，作为社区经济组织，在股份经济合作社和土地合作社中成立党支部，作为集体经济组织的领导核心。同时，村集体经济组织中的土地合作社监事会和股份经济合作社监事会将履行各自内部的财务、决议执行、重大事项等监督职能。②

---

① 在城乡社区一体化框架中，社区以下的组织都以居住地相邻为前提，村、居民区、邻里是自然的社区样态。因此使用"邻里"这一名称，既符合民众的一般习惯，也符合社区一体化的改革方向。

② 在原村级层面不再设村务监督委员会，因为村监会的设立是针对"政经不分"村庄治理模式而提出来的，主要是监督村民委员会自治职能和村庄财务、资源管理公开情况。由于W市实现"三分三改"解决了"政经不分"问题，村民委员会的自治功能转移到社区，村集体经济不再为原村两委或社区所掌控，而是按照现代企业制度发展方向和方式来运营，这样就没有必要在村级层面设立村务监督委员会。

四 讨论

1. 农村社区发展取决于在内部整合基础上与外部大社会的链接

现代农村地区的发展受国家的政策、特定的地理区位与资源禀赋以及一些偶发因素的影响，如国家开发计划、城市化与工业化等区位优势所形成的“超级村庄”、适宜消费与居住的旅游聚集地、地方能人效应等，但就整体而言，在城市化和工业化及其信息化背景下，农村地区相对于城市而言处在衰落之中。这是一个全球性的问题，在20世纪50年代就引起了联合国的注意，联合国启动了社区发展运动，希望在国家的支持和帮助下，以地区居民自觉、自愿和行动能力的提升来助推农村经济、政治、文化、社会和环境的整体性提升。然而，在这一过程中农村社区建设走入了两条不同的发展轨迹：一是认为农村社区其独特的自然物理与社会属性不可被消除，政府和外界的投入只能以提升共同体的服务供给为目标，因此其产业发展功能、与大众社会接轨的机制不应也不能过于发展，以保持其文化独特性；二是认为农村社区的发展必须与外部世界进行有效衔接，不仅是在社会服务上，还应包括经济上、文化上、政治上，如此才能产生农村社区发展的政治资本、人力资本、环境资本、经济资本、文化资本、社会资本等，而且与外部世界的衔接并不一定消除农村社区独特性，反而能够延续农村社区遗产与资源的传承。在实践上看，前者对于小众类型的农村社区，如旅游资源开发、文化多样性可能是适应的，但是即使旅游开发等过程依然有外界资本和政府的强力干预，而且还可能会形成对国家的制度依赖与福利依赖；① 而后者的关键问题是如何在保持农村社区独特性的情况下又与大众社会建立链接，不然社区的销蚀

① 有研究者指出，借鉴于联合国社区发展运动的台湾地区20世纪60—80年代的社区建设已成为政府政策的工具，并形成了对政府福利依赖。这是一种典型的把农村社区作为“孤岛”和乡村社会“堡垒”建设的案例。具体详见张峻豪《台湾社区发展的脉络与类型：一个历史制度主义的分析》，《国家与社会》2012年第12期。

也必不可免。[①]

W 市的城乡一体化新型农村社区建设，以“三分三改”的土地、资产和户籍及其社会保障制度供给等基础性制度改革，来推动农村各种要素资源与外部社会衔接。同时，主张在村民转变为居民的过程中，把村民在农村所享有的各项权益保留和增益在农村地区，为农村社区的发展提供了内生动力。同时，建立城乡一元的社区治理制度，不仅提升基层社会治理的能力，而且也要进一步促进农村社区基础性制度的改革，并且在社区治理中强调政府机制、市场机制和社会机制的多元参与。这在很大程度上拓宽了农村社区建设的视野和思路，不仅突破了就农村社区看农村社区的狭隘发展思路，也突破了将农民剥离出土地而实际损害了农民利益的惯常模式，具备从社会系统中看待农村社区发展的特征。

至于农村社区被纳入整个社会系统之中，而社会系统又朝着理性化、消费主义和工业化与后工业化的发展，这确实会带来在个体主义时代建设共同体的困境。[②] 但这并不意味着社区一定会消亡，而是可能以另一种方式发展，萨顿认为，社区性取决于以下三个要素：（1）行动与当地有关；（2）角色由当地性确认；（3）当地人民参与一个活动。[③] 保罗的研究也指出，地域性社区之中的社会团体及其公共精神的激发，不仅有助于地方共同体的保有，还能建立地方共同体与整个社会的联结纽带。[④] W 市在城乡一体化新型社区建设中，一方面把共同体保存在土地合作社和股份经济合作社形态中，形成经济上

---

① 在 20 世纪 60 年代一批社会学家认为大众社会的崛起，使得社区地域、居民价值观与行为规范的差异越来越不明显，而且心理共同体的要素也在消退。（具体详见 M. R.，Stein，1960，*The Eclipse of Community*，Priceton：Priceton University Press；C. S. Fisher，1984，*The Urban Experience*，New York：Harcourt Brace Jovanovich，pp. 131 – 137）

② 保罗·霍普：《个人主义时代之共同体的重建》前言，沈毅译，浙江大学出版社 2010 年版，第 1—4 页。

③ 转引自徐琦、莱瑞·赖恩、邓福贞《社区社会学》，中国社会出版社 2004 年版，第 67 页。

④ 保罗·霍普：《个人主义时代之共同体的重建》，沈毅译，浙江大学出版社 2010 年版，第 81—105 页。

的纽带关系；另一方面通过建立社区社会组织、群团组织、志愿者组织，以及社区党组织的党员选举、社区居委会选举等，来推动村民参与社区服务与公共治理，为地方性注入民主实践精神和角色意识。而在原行政村层面通过建立邻里党支部和理事会来提供社区以下层面的公共服务与社会管理，这些是有利于形成邻里层面的团结从而也有利于形成新的社区共同体的。

2. 城乡一元社区治理制度的必要条件与可持续发展问题

城乡社区衔接并不仅限于城乡一元社区制度，还有其他的衔接形态与机制。就 W 市而言，其所推行的城乡一元社区治理制度也并非仅仅是治理层面的内容，而是涉及整个基础性制度改革。即通过基础层面上的“三分三改”和村级组织“转、并、联”，清理基层治理中自治组织与经济组织难以切分的关系，界定农村居民社会成员身份和经济成员身份，要求在固化农村居民利益的基础上把农民转化为居民，把村庄自治大部分职能转移到社区，实行统一的社区管理体制。这个设计突破了当前农村社区建设中仅仅把“社区作为服务管理单位、村庄是实质治理单元”的社区化管理模式，有利于基层社会治理从“二元结构”彻底转型为“一元结构”。尽管 W 市社区重构在三年试点工作中，政府主导和行政命令色彩较强，但如果随着社区组织架构的建立，政府行政命令开始后撤，法规政策的供给逐步增强，那么可以期待尤其是在社区选举产生的自治体进一步发挥作用。更为重要的是，W 市的社区重构不仅是要培育出一个现代型社区治理模式，更要把社区打造成社会建设的主要平台，通过政府培育社会和社会自主发育共同推动社会的整体进步，进而通过创新社会体制来为经济发展注入新的活力，从而推进 W 市经济社会的全面转型升级，这种意图应该是正面的。

但是，这种整体性改革的确面临着较大的压力和挑战：一方面整体性改革涉及的方方面面均需要政府强大的财政资金供给能力或者吸引市场资金的介入，而在这一过程中盘算土地依然会成为地方政府的首要考虑，因此怎样流转农民土地、怎样推进农房集中改造，并不见得一定会尊重农民意愿，或者协调农民当前利益和长远利益；二是城乡一体新社区的建设不仅大，而且还要涉及村庄既有的利益格局。如此大的社区设置尽管在西方发达国家也有所实践而且也有成功经验，但这些国家均有个发育较为完善的市民社会和公共参与精神，社会组织和志愿组织参与社区服务占有很大比重。而在中国，农村居民还处于生存型和低度发展型的阶段，市民社会的发育和公共精神的培育不仅需要时间，还需要有力的制度支撑。尽管W市构建了诸多社区社会组织，还设有村级集体经济组织，但政府购买农村社区服务、村级集体经济如何赞助或支持社区公共治理与服务组织的运行还缺乏系统性的政策供给。此外，因为社区组织的设置在很大程度上还改变了村治的利益格局，基于村民自治过程中自治与经济的高度搅和，即使集体经济组织建立股份经济合作社，但依然有土地、情感和历史要素的衔接，而社区与村集体经济组织则没有相应的连接纽带，它们仍然是完全分离的。各村民委员会转变为社区社会组织的理事会，在没有经济支撑能力的情况下，如何有足够的力量进行社会管理与公共服务，而不仅仅是社区的传声筒，也还需要进一步观察。最后，农村大社区建设还极易被政府主导所“俘获”，相较于数量较多的村民委员会而言，大社区的数量少，俘获的成本甚至还会降低；至少其他很多地方的实践已经表明，在政府与社区关系还没有明确的法律规制的情况下，社会管理和公共服务不断下沉到社区的过程通常也是权力的扩张过程。①

① 当前我国农村社区建设过程中存在着五种逻辑：党政逻辑、公共服务逻辑、共同体逻辑、发展逻辑和社会维稳逻辑，而党政逻辑所代表的外力和共同体逻辑所代表的内力及其联结方式是决定中国农村社区建设的关键，而且党政逻辑往往突破了共同体逻辑。（参见任强、毛丹《中国农村社区建设中的五种实践逻辑——基于对浙江省的政策与实践观察》，《山东社会科学》2015年第9期）

参考文献

一　中文著作

［英］保罗·霍普：《个人主义时代之共同体的重建》，沈毅译，浙江大学出版社 2010 年版。

［美］Cornelia ButlerFlora，Jan L. Flora：《农村社区资本与农村发展》，肖迎译，民族出版社 2011 年版。

［加］戴安娜·布莱登、威廉·科尔曼：《反思共同体——多科学视角与全球语境》，严海波译，社会科学文献出版社 2011 年版。

［德］斐迪南·滕尼斯：《共同体与社会》，林荣远译，商务印书馆 1999 年版。

［英］菲利普·梅勒，《理解社会》，赵亮员等译，北京大学出版社 2009 年版。

［美］黄宗智：《长江三角洲小农家庭与乡村发展》，中华书局 2000 年版。

［英］卡尔·波兰尼：《大转型——我们时代的政治与经济起源》，冯钢等译，浙江人民出版社 2007 年版。

［英］凯特·纳什、阿兰·斯科特：《布莱克维尔政治社会学指南》，李雪等译，浙江人民出版社 2007 年版。

［美］理查德·C. 博克斯：《公民治理：引领 21 世纪的美国社区》，孙柏瑛译，中国人民大学出版社 2013 年版。

［加］理查德·廷德尔、苏珊·诺布斯·廷德尔：《加拿大地方政府》，于秀明等译，北京大学出版社 2005 年版。

［美］罗伯特·帕特南：《独自打保龄球——美国社会资本的衰落与复兴》，刘波等译，北京大学出版社 2011 年版。

[法] 马克·布洛赫:《法国农村史》，余中先等译，商务印书馆2003年版。

[德] 马克斯·韦伯:《经济行动与社会团体》，康乐、简惠美译，广西师范大学出版社2004年版。

[德] 马克斯·韦伯:《经济通史》，姚曾廙译，上海三联书店2006年版。

[德] 马克斯·韦伯:《社会学的基本概念》，顾忠华译，上海人民出版社2000年版。

[美] 麦克·布络维:《公共社会学》，沈原等译，社会科学文献出版社2007年版。

[英] 迈克尔·曼:《社会权力的来源》，陈海宏等译，上海世纪出版集团2007年版。

[法] 马塞尔· 莫斯:《礼物》，汲喆译，上海人民出版社2002年版。

[美] 曼纽尔·卡斯特:《认同的力量》，曹荣湘译，社会科学文献出版社2006年版。

[美] 曼纽尔·卡斯特:《网络社会的崛起》，夏铸九、王志弘译，社会科学文献出版社2006年版。

[法] 皮埃尔·布迪厄、华康德:《实践与反思——反思社会学导引》，中央编译出版社2004年版。

[英] 齐格蒙特·鲍曼:《共同体》，欧阳景根译，江苏人民出版社2003年版。

[美] 桑德斯:《社区论》，徐震译，黎明文化事业股份有限公司1982年版。

[日] 山口重克:《市场经济：历史·思想·现在》，张季风等译，社会科学文献出版社2007年版。

[美] 施坚雅:《中国农村的市场和社会结构》，史建云、徐秀丽译，中国社会科学出版社1998年版。

[英] T. H. 马歇尔、安东尼·吉登斯:《公民身份与社会阶级》，郭忠华等译，江苏人民出版社2008年版。

[德] 约翰·冯·杜能:《孤立国同农业和国民经济的关系》，吴衡康译，商务印书馆 1997 年版。

[英] 威廉·阿瑟·刘易斯:《二元经济论》，施炜等译，北京经济学院 1989 年版。

[美] 詹姆斯·C. 斯科特:《国家的视角》，王晓毅译，社会科学文献出版社 2004 年版。

费孝通:《学术自述与反思》，生活·读书·新知三联书店 1996 年版。

洪邮生:《加拿大——追寻主权和民族特性》，四川人民出版社 2003 年版。

李天赏主编:《台湾的社区与组织》，扬智文化事业股份有限公司 2006 年版。

毛丹:《一个村落共同体的变迁》，学林出版社 2000 年版。

毛丹:《村庄大转型——浙江乡村社会的发育》，浙江大学出版社 2008 年版。

汪大海、孔德宏编译:《世界范围内的社区发展》，中国社会出版社 2005 年版。

徐琦、莱瑞·赖恩、邓福贞:《社区社会学》，中国社会出版社 2004 年版。

徐震:《社区与社区发展》，正中书局 1980 年版。

折晓页、陈婴婴:《社区的实践——“超级村庄”的发展历程》，浙江人民出版社 2000 年版。

二　中文论文

[美] 布莱恩·罗伯茨、安苗:《城市化、分权与农村生活的重组》,《中国农业大学学报》2008 年第 1 期。

陈建胜:《城乡一体化视野下的农村社区建设》,《浙江学刊》2011 年第 5 期。

陈建胜:《农村社区文化营造何以可能与何以可为》,《山东社会科学》2015 年第 9 期。

陈锡文：《当前我国农业农村发展的几个重要问题》，《南京农业大学学报》（社会科学版）2011 年第 1 期。

冯钢：《整合与链合——法人团体在当代社区发展中的地位》，《社会学研究》2002 年第 4 期。

黄宏伟：《20 世纪 90 年代中国农民跨区域流动的成因分析》，《农村经济》2005 年第 1 期。

黄祖辉、王朋：《基于我国农村土地制度创新视角的社会保障问题探析》，《浙江社会科学》2009 年第 2 期。

李国庆：《关于中国村落共同体的论战——以“戒能—平野论战”为核心》，《社会学研究》2005 年第 6 期。

林聚任、鄢浩洁：《拆村并居下的农村社区管理创新》，《人民论坛》2011 年第 27 期。

卢海元：《土地换保障：妥善安置失地农民的基本设想》，《中国农村观察》2003 年第 6 期。

马小勇、薛新娅：《中国农村社会保障制度改革：一种“土地换社保”的方案》，《宁夏社会科学》2004 年第 3 期。

毛丹、王燕锋：《J 市农民为什么不愿做市民——城郊农民的安全经济学》，《社会学研究》2006 年第 6 期。

毛丹：《“赋权、互动与认同——角色视角下的城郊农民市民化问题》，《社会学研究》2009 年第 4 期。

毛丹：《村落共同体的当代命运：四个观察维度》，《社会学研究》2010 年第 1 期。

毛丹、王萍：《英语学术界的乡村转型研究》，《社会学研究》2014 年第 1 期。

秦晖：《中国农村土地制度与农民权利保障》，《探索与争鸣》2002 年第 7 期。

任强、毛丹：《中国农村社区建设中的五种实践逻辑——基于对浙江省的政策与实践观察》，《山东社会科学》2015 年第 9 期。

施雪华、孔凡义：《美国社区治理及其启示》，《山西大学学报》（哲学社会科学版）2008 年第 4 期。

孙群郎：《20 世纪 70 年代美国的“逆城市化”现象及其实质》，《世界历史》2005 年第 1 期。

仝志辉、温铁军：《资本和部门下乡与小农户经济的组织化道路——兼对专业合作社道路提出质疑》，《开放时代》2009 年第 4 期。

王春光：《农村流动人口的“半城市化”问题研究》，《社会学研究》2006 年第 5 期。

肖林：《“社区”研究与“社区研究”——近年来我国城市社区研究述评》，《社会学研究》2011 年第 4 期。

杨一帆：《失地农民的征地补偿与社会保障：兼论构建复合型的失地农民社会保障制度》，《财经科学》2008 年第 4 期。

张峻豪：《台湾社区发展的脉络与类型：一个历史制度主义的分析》，《国家与社会》2012 年第 12 期。

赵定东、王洲：《新型城镇化进程中城乡一体新社区建设的新单位化现象——基于浙江省嘉兴市的实践分析》，《华中农业大学学报》（社会科学版）2013 年第 6 期。

郑雄飞：《破解“土地换社会保障”的困境——基于“资源”视角的社会伦理学分析》，《社会学研究》2010 年第 6 期。

郑震：《空间：一个社会学的概念》，《社会学研究》2010 年第 5 期。

三 英文著作

A. Gallaher and H. Padfield, eds., *The dying community*, New Mexico: University of New Mexico Press, 1980.

Adrian Little, *The Politics of Community*: *Theory and Practice*, Edinburgh: Edinburgh University Press, 2002.

Alain Lipietz, *Mirages and Miracle*, London: Verso, 1988.

Amos Hawley, *Human Ecology*, New York: Ronald Press, 1950.

Anthony P. Cohen, *The Symbolic Construction of Community*, Chicester: Ellis Horwood Ltd. Publishers, 1985.

B. Ilbery and I. Bowler, *The Geography of Rural Change*. Harlow:

Longman, 1998.

Brian Berry and John D. Kasarda, *Contemporary Urban Ecology*, New York: Macmillan, 1977.

Brian J. L. Berry ed. , *Urbanization and Counter Urbanization*, London: Sage, 1976.

C. M. Arensberg and S. T. Kimball, *Family and Community in Ireland*, London: Peter Smith, 1940.

C. S. Fisher, *The Urban Experience*, New York: Harcourt Brace Jovanovich, 1984.

Christian Smith, *American Evangelicalism: Embattled and Thriving*, Chicago: University of Chicago Press, 1998.

Christian Smith, *Moral, Believing Animals*, New York: Oxford University Press, 2003.

Cornelia B. Flora and Jan L. Flora, *Rural Communities: Legacy and Change* (*third edition*), Philadelphia: Westview Press, 2008.

D. Lee and H. Newby, *The Problem of Sociology*, London: Hutchinson, 1983.

D. Robertson, J. Smyth and I. McIntosh, *Neighbourhood identity: People, Time and Place*, York: Joseph Rowntree Foundation, 2008.

D. Virchow and J. von Braun, eds. , *Villages in the Future: Crops, Jobs and Livelihood*, New York: Springer, 2001.

E. Frazer, *The Problems of Communitarism Politics: Unity and Conflict*, Oxford: Oxford University Press, 1999.

Everett C. Hughes and Helen M. Hughes, *Where Peoples Meet: Racial and Ethnic Frontiers*, Glencoe: Free Press, 1952.

Gerard Delanty, *Community*, London: Routledge, 2009.

Graham Day, *Community and Everyday Life*, London and New York: Routledge, 2006.

H. Newby, *Country Life: A Social History of Rural England*, London: Sphere Books, 1987.

H. P. Diaz, J. Jaffe & R. Stirling, eds. , *Farm Communities at the Crossroads: Challenge and Resistance*, Regina: Canadian Plains Research Center, 2003.

HarryBraverman, *Labor and Monopoly Capital: The Degradation of Work in the Twentieth Century*, New York: Monthly Review Press, 1974.

I. M. Young, *Justice and the Politics of Difference*, Princeton, NJ: Priceton University Press, 1990.

J. Murdoch and T. Marsden, *Reconstituting Rurality: Class, Community and Power in the Development Process*, London: UCL Press, 1994.

J. Murdoch, P. Lowe, N. Ward and T. Marsden, *The Differentiated Countryside*, London: Routledge, 2003.

J. Stiglitz, *Globalization and Its Discontents*. New York and London: W. W. Norton and Company, 2002.

James O' Connor, *The Fiscal Crisis of the State*, New York: St Martin's Press, 1973.

Jessie Bernard, *The sociology of community*, Scott Foresman, 1973.

Jr. Harrell R. Rodgers and Gregory Weiher, *Rural Poverty: Special Causes and Policy Reforms*, Santa Barbara: Praeger, 1989.

K. Pickering, Mark H. Harvey, Gene F. Summers and David Mushinski, *Welfare Reform in Persistent Rural Poverty: Dreams, Disenchantments, and Diversity*, Pennsylvania: Penn State University Press, 2011.

Larry Lyon, *The community in Urban Society*, Waveland Press, 1989.

M. R. Stein, *The Eclipse of Community*, Priceton: Priceton University Press, 1960.

Michael Woods, *Rural Geography: Processes, Responses and Experiences in Rural Restructuring*, London: Sage, 2005.

P. Cooke, ed. , *Localities: The Changing Face of Urban Britain*, London: Unwin Hyman, 1989.

P. Martin, *Importing Poverty: Immigration and the Changing Face of Rural America*, New Haven: Yale University Press, 2009.

P. Milbourne, *Rural Poverty*: *Marginalisation and Exclusion in Britain and the United States*, New York and London: Routledge, 2004.

PeterCalthorpe, *The Next American Metropolis: Ecology, Community, and the American Dream,* New York: Princeton Architectural Press, 1993.

PeterKaitz, ed. , *The New Urbanism*: *Towards New Architecture of Community*, New York: McGraw-Hill. 1994.

Peter Somerville, *Understanding Community*: *Politics*, *Policy and Practice*, London: The Policy Press, 2011.

Robert E. Park, *Human Community*, New York: The Free Press, 1952.

Robert Redfield, *The Little Community*, *and Peasant society and Culture*, Chicago: University of Chicago Press, 1971.

Roland L. Warren, *The Community in American*, Chicago: Rand McNally and Company. 1963 [1978] .

Satadal Dasgupta, *Rural Canada*: *Rural Sociological Perspectives*, Lewiston, Queenston, Lampeter: The Mellen Press, 2001.

Stephen Essex, et al. , eds. , *Rural Change and Sustainability*, Wallingford, UK: CABI Publishing, 2005.

T. Marsden, et al. , *Constructing the Countryside*, London: UCL Press, 1993.

T. Marsden, P. Lowe and S. Whatmore, *Rural Restructuring*: *Global Processes and Their Responses.* London: Fulton, 1990.

T. Noble, *Social Theory and Social Change*, Basingstoke: Macmillan, 2000.

Tom Brass, *The Journal of Peasant Studies*, London: F. Cass and Co, 2005.

Virchow and Braun, *Villages in the Future*: *Crops*, *Jobs and Livelihood.* New York: Springer, 2001.

四 英文论文

A. Alasia, A. Weersink, R. D. Bollman and J. Cranfield, "Off-farm

Labor Decision of Canadian Farm Operators: Urbanization Effects and Rural Labor Market Linkages", *Journal of Rural Studies*, Vol. 25 No. 1, 2009, pp. 12 – 24.

Amitai Etzioni, "Is Bowling Together Sociologically Lite?" *Contemporary Sociology*, Vol. 30, No. 3, 2001, pp. 223 – 224.

Andy C. Pratt, "Discourses ofRurality: Loose Talk or Social Struggle?" *Journal of Rural Studies*, Vol. 12, No. 1, 1996, pp. 69 – 78.

Arnt Fløysanda and Stig-Erik Jakobsen, "Commodification of Rural Places: A Narrative of Social Fields, Rural Development, and Football", *Journal of Rural Studies*, Vol. 23, No. 2, 2007, pp. 206 – 221.

Barry Wellman and Barry Leighton, "Networks, Neighborhoods and Communities", *Urban Affairs Review*, Vol. 14, No. 3, 1979, pp. 363 – 390.

C. Morris and N. J. Evans, "Research on the Geography of Agricultural Change: Redundant or Revitalized?" *Area*, Vol. 31, No. 4, 1999, pp. 349 – 358.

C. Morris, N. J. Evans and M. Winter, "Conceptualizing Agriculture: A Critique of Post-productivism as the New Orthodoxy", *Progress in Human Geography*, Vol. 26, No. 3, 2002, pp. 313 – 332.

D. J. O'Brien, S. K. Wegren, and V. V. Patsiorkovsky. "Marketization and Community in Post-Soviet Russian Villages", *Rural Sociology*, Vol. 70, No. 2, 2005, pp. 188 – 207.

David Clark, "Neoliberalism and Public Service Reform: Canada in Comparative Perspective", *Canadian Journal of Political Science*, Vol. 35, No. 4, 2002, pp. 771 – 793.

David Goodman and MichaelRedclift, "Capitalism, Petty Commodity Production and the Farm Enterprise", *Sociologia Ruralis*, Vol. 25, No. 3 – 4, 1985, pp. 231 – 247.

D. L. Brown and L. Kulcsar, "Rural Families and Rural Development in Central and Eastern Europe", *Eastern European Countryside*, Vol. 6, 2000, pp. 5 – 23.

David L. Brown and L. Kulcsar, "Household Economic Behavior in Post-Socialist Rural Hungary", *Rural Sociology*, Vol. 66, No. 2, 2009, pp. 157 - 180.

David McMillan and DavidChavis, "Sense of Community: A Definition and Theory", *Journal of Community Psychology*, Vol. 14, No. 1, 1986, pp. 6 - 23.

Dja Douglas, "The Restructuring of Local Government in Rural Regions: A Rural Development Perspective", *Journal of Rural Studies*, Vol. 21, No. 2, 2005, pp. 231 - 246.

Farshad A. Araghi, "Global Depeasantization: 1945—1990", *The Sociological Quarterly*, Vol. 36 No. 2, 1995, pp. 337 - 368.

FredDahms and J. Mccomb, "'Counterurbanization', Interaction and Functional Change in a Rural Amenity Area: a Canadian Example", *Journal of Rural Studies*, Vol. 15, No. 2, 1999, pp. 129 - 146.

Frederick H. Buttel, "Some Reflections on Late Twentieth Century Agrarian Political Economy", *Sociologia Ruralis*, Vol. 41, No. 2, 2001, pp. 165 - 181.

G. A. Hillary, "Definitions of Community: Areas of Agreement", *Rural Sociology*, Vol. 20, No. 2, 1955, pp. 111 - 123.

Gene F. Summers, "Rural Community Development", *Annual Review of Sociology*, Vol. 12, No. 1, 1986, pp. 347 - 371.

Graig Colhaun, "Morality, Identity, and Historical Explanation: Charles Taylor on the Sources of the Self", *Sociological Theory*, Vol. 9, No. 2, 1991, pp. 232 - 263.

Harvey C. Greisman, "Community Cohesion and Social Change", *Journal of the Community Development Society*, Vol. 11, No. 2, 1980, pp. 1 - 17.

Howard Newby, "Trend Report: Rural Sociology", *Current Sociology*, Vol. 28, No. 1, 1980, pp. 3 - 109.

—— "The Sociology of Agriculture: Toward a New Rural Sociology",

Annual Review of Sociology, Vol. 9, No. 1, 1983, pp. 67 -81.

—— "Locality and Rurality: The Restructuring of Rural Social Relations", *Regional Studies*, Vol. 20, No. 3, 1986, pp. 209 -215.

Israel Rubin, "Function and Structure of Community: Conceptual and Theoretical Analysis", *International Review of Community Development*, Vol. 21, No. 22, 1969, pp. 111 -112.

J. Smithers, A. E. Joseph, and M. Armstrong, "Across the Divide: Reconciling Farmland Town Views of Agriculture-community Linkages", *Journal of Rural Studies*, Vol. 21, No. 3, 2005, pp. 281 -295.

J. T. Pierce, "The Conservation Challenge in Sustaining Rural Environment", *Journal of Rural Studies,* Vol. 12, No. 3, 1996, pp. 215 -229.

James H. Copp, "Rural Sociology and Rural Development", *Rural Sociology*, Vol. 37, No. 4, 1972, pp. 515 -533.

Jamie Partridge and J. Nolan, "Commuting on the Canadian Prairies and the Urban/Rural Divide", *Canadian Journal of Administrative Sciences*, Vol. 22, No. 1, 2005, pp. 58 -72.

Janel M. Curry, "Community Worldview and Rural Systems: A Study of Five Communities in Iowa", *Annals of the Association of American Geographer*, Vol. 90, No. 4, 2000, pp. 693 -712.

Jo Ann Jaffe and A. A. Quark, "Social Cohesion, Neo-liberalism, and the Entrepreneurial Community in Rural Saskatchewan", *The American Behavioral Scientist*, Vol. 50, No. 2, 2006, pp. 206 -225.

John Holmes, "Diversity and Change in Australia's Rangelands: APost-Productivist Transition with a Difference?" *Transactions of the Institute of British Geographers*, Vol. 27, No. 3, 2002, pp. 362 -384.

JohnSmithers and P. Johnson, "The Dynamics of Family Farming in North Huron County, Ontario (Part I. Development Trajectories)", *Canadian Geographer*, Vol. 48, No. 2, 2004, pp. 191 -208.

JohnSmithers, J. Paul, and J. Alun, "The Dynamics of Family Farming in North Huron County, Ontario (Part II Farm-Community Interactions)",

Canadian Geographer, Vol. 48, No. 2, 2004, pp. 209 - 224.

John T. Pierce, "Towards the Reconstruction of Agriculture: Paths of Change and Adjustment", *The Professional Geographer*, Vol. 46, No. 2, 1994, pp. 178 - 190.

Jonathan Murdoch and Andy C. Pratt, "Rural Studies: Modernism, Postmodernism and the Post-rural", *Journal of Rural Studies*, Vol. 9, No. 4, 1993, pp. 411 - 427.

Jonathan Murdoch, "Networks-a New Paradigm of Rural Development?" *Journal of Rural Studies*, Vol. 16, No. 4, 2000, pp. 407 - 419.

JonathanRigg and M. Ritchie, "Production, Consumption and Imagination in Rural Thailand", *Journal of Rural Studies*, Vol. 18, No. 3, 2002, pp. 359 - 371.

KeithHoggart, "Let's Do Away with Rural", *Journal of Rural Studies*, Vol. 6, No. 3, 1990, pp. 245 - 257.

—— "The middle classes in rural England, 1971—1991", *Journal of Rural Studies*, Vol. 13, No. 3, 1997, pp. 253 - 273.

KeithHoggart and A. Paniagua, "The Restructuring of Rural Spain", *Journal of Rural Studies*, Vol. 17, No. 1, 2001, pp. 63 - 80.

—— "What Rural Restructuring?" *Journal of Rural Studies*, Vol. 17, No. 1, 2001, pp. 41 - 62.

Keith H. Halfacree, "Locality and Social Representation: Space, Discourse and Alternative: Definitions of the Rural", *Journal of Rural Studies*, Vol. 9, No. 1, 1993, pp. 23 - 37.

—— "Talking about Rurality: Social Representation of the Rural as Expressed by Residents of Six English Parishes", *Journal of Rural Studies*, Vol. 11, No. 1, 1995, pp. 1 - 20.

—— "From Dropping Out to Leading On? British Counter-cultural Back-to-the-land in a Changing Rurality", *Progress in Human Geography*, Vol. 30, No. 3, 2006, pp. 309 - 336.

Kenneth P. Wilkinson, "Social Well-being and Community", *Journal of the Community Development Society*, Vol. 10, No. 1, 1979, pp. 5 - 16.

KrzysztofGorlach, et al, "Agriculture, communities and new social movements: East European ruralities in the process of restructuring", *Journal of Rural Studies*, Vol. 24, No. 2, 2008, pp. 161 - 171.

LindaLobao, "A Sociology of the Periphery Versus a Peripheral Sociology: Rural Sociology and the Dimension of Space", *Rural Sociology*, Vol. 61, No. 1, 1996, pp. 77 - 102.

Louis Wirth, "Urbanism as a Way of Life", *American Journal of Sociology*, Vol. 44, No. 1, 1938, pp. 1 - 24.

M. L. Thomson and C. J. A. Mitchell, "Residents of the Urban Field: A Study of Wilmot Township, Ontario, Canada", *Journal of Rural Studies*, Vol. 14, No. 2, 1998, pp. 185 - 201.

M. Phillips, Rob Fish and JenniferAgg, "Putting Together Ruralities: Toward a Symbolic Analysis of Rurality in the British Mass Media", *Journal of Rural Studies*, Vol. 17, No. 1, 2001, pp. 1 - 27.

M. Shucksmith, "Farm Household Behavior and the Transition to Post-productivism", *Journal of Agricultural Economic*, Vol. 44, No. 3, 1993, pp. 466 - 478.

MariaHalamska, "The Polish Countryside in the Process of Transformation 1989—2000", *Polish Sociological Review*, Vol. 173, No. 1, 2011, pp. 35 - 54.

Mark Goodwin, "The Governance of Rural Areas: Some Emerging Research Issues and Agendas", *Journal of Rural Studies*, Vol. 14, No. 1, 1998, pp. 5 - 12.

Mark Goodwin, "Uneven Development and Civil Society in Western and Eastern Europe", *Geoforum*, Vol. 20, No. 2, 1989, pp. 151 - 159.

Mark Lawrence, "Heartlands or Neglected Geographies? Liminality, Power and the Hyperreal Rural", *Journal of Rural Studies*, Vol. 13, No. 1, 1997, pp. 1 - 17.

MartinDribe and C. Lundh, " Retirement as a Strategy for Land Transition: A Micro Study of Pre-industrial Rural Sweden", *Continuity and Change*, *Vol.* 20, No. 3, 2005, pp. 165 - 191.

Martin Phillips, "The Restructuring of Social Imaginations in Rural Geography", *Journal of Rural Studies*, Vol. 14, No. 2, 1998, pp. 121 - 153.

MichaelBurawoy, "Presidential Address: For Public Sociology", *American Sociological Review*, Vol. 70, No. 1, 2005, pp. 4 - 28.

Michael Corbett, "Rural Education and Out-Migration: The Case of a Coastal Community", *Canadian Journal of Education*, Vol. 28, No. 1 - 2, 2005, pp. 52 - 72.

Michael Woods, "Deconstructing rural protest: the emergence of a new social movement", *Journal of Rural Studies*, Vol. 19, No. 3, 2003, pp. 309 - 325.

—— "Guest Editorial: Social Movements and Rural Politics", *Journal of Rural Studies*, Vol. 24, No. 2, 2008, pp. 129 - 137.

Milford B. Green and S. P. Meyer, "An Overview of Commuting in Canada with Special Emphasis on Rural Commuting and Employment", *Journal of Rural Studies*, Vol. 13, No. 2, 1997, pp. 163 - 175.

Murray D. Rice and D. C. Lavoie, "Crown Corporations and Co-operatives as Coping Mechanisms in Regional Economic Development", *Canadian Geographer*, Vol. 49, No. 4, 2005, pp. 367 - 383.

Neil Ward, "The Agricultural Treadmill and the Rural Environment in the Post-productivist Era", *Sociologia Ruralis*, Vol. 33, No. 3, 1993, pp. 348 - 364.

Neil Ward, et al, "Productivism, Post-Productivism and European Agricultural Reform: The Case of Sugar", *Sociologia Ruralis*, Vol. 48, No. 2, 2008, pp. 118 - 132.

NigelWalford, "Productivism is Allegedly Dead, Long Live Productivism. Evidence of Continued Productivist Attitudes and Decision-making in South-East England", *Journal of Rural Studies*, Vol. 19, No. 4, 2003, pp. 491 – 502.

Olivia J. Wilson and G. A. Wilson, "Common Cause of Common Concern? The Role of Common Lands in the Post-productivist Countryside", *Area*, Vol. 29, No. 1, 1997, pp. 45 – 58.

Olivia J. Wilson, "Rural Restructuring and Agriculture-Rural Economy Linkages: A New Zealand Study", *Journal of Rural Studies*, Vol. 11, No. 4, 1995, pp. 417 – 431.

Owain Jones, "Lay Discourses of the Rural: Developments and Implications for Rural Studies", *Journal of Rural Studies*, Vol. 11, No. 1, 1995, pp. 35 – 49.

P. Cooke, "Flexible Integration, Scope Economies and Strategic Alliances: Social and Spatial Mediation", *Society and Space*, Vol. 3, No. 4, 1988, pp. 281 – 300.

Pamela D. Neumann, H. J. Krahn and B. R. Thomas, "'My Grandfather Would Roll Over in His Grave': Family Farming and Tree Plantations on Farmland", *Rural Sociology*, Vol. 72, No. 1, 2007, pp. 111 – 135.

Patrick H. Mooney, "Specifying the" Rural "in Social Movement Theory", *Polish Sociological Review*, No. 129, 2000, pp. 35 – 55.

PaulCloke and M. Goodwin, "Conceptualizing Countryside Change: From Post-Fordism to Rural Structured Coherence", *Transactions of the Institute of British Geographers*, Vol. 17, No. 3, 1992, pp. 321 – 336.

PaulCloke and P. Milbourne, "Deprivation and Lifestyle in Rural Wales II: Rurality and the Cultural Dimension", *Journal of Rural Studies*, Vol. 8, No. 2, 1992, pp. 359 – 371.

PaulCloke, "Country Backwater to Virtual Village? Rural Studies and 'The Cultural Turn'", *Journal of Rural Studies*, Vol. 13, No. 4, 1997, pp. 367 – 375.

Peter Gibbon, "Arensberg and Kimball Revisited", *Economy and Society*, Vol. 2, No. 4, 1973, pp. 479 – 498.

Peter V. Hall and P. Stern, "Reluctant Rural Regionalists", *Journal of Rural Studies*, Vol. 25, No. 1, 2009, pp. 67 –76.

Philip Lowe, J. Murdoch, T. Marsden, R. Munton and A. Flynn, "Regulating the New Rural Spaces: The Uneven Development of Land", *Journal of Rural Studies*, Vol. 9, No. 3, 1993, pp. 205 –222.

R. E. Paul, "The Rural Urban Continuum", *Sociologia Ruralis*, Vol. 6, No. 3, 1966, pp. 299 –329.

Raju J. Das, "Introduction: Peasant, State and Class", *The Journal of Peasant Studies*, Vol. 34, No. 3, 2007, pp. 351 –370.

Rute Caldeira "My Land, Your Social Transformation: Conflicts within the Landless People Movement (MST), Rio de Janeiro, Brazil", *Journal of Rural Studies*, Vol. 24, No. 2, 2008, pp. 150 –160.

SarahWhatmore, R. Munton and T. Marsden, "The Rural Restructuring Process: Emerging Division of Agricultural Property Rights", *Regional Studies*, Vol. 24, No. 3, 1990, pp. 235 –245.

Sean Markey, G. Halseth, and D. Manson, "Challenging the Inevitability of Rural Decline: Advancing the Policy of Place in Northern British Columbia", *Journal of Rural Studies*, Vol. 24, No. 4, 2008, pp. 409 –421.

SergeiShubin, "The changing nature of rurality and rural studies in Russia", *Journal of Rural Studies,* Vol. 22, No. 4, 2006, pp. 422 –440.

StephenVaisey, "Structure, Culture, and Community: The Search for Belonging in 50 Urban Communes", *American Sociological Review*, Vol. 72, No. 6, 2007, pp. 851 –873.

StevenBrint, "Gemeinschaft Revisited: A Critique and Reconstruction of the Community Concept", *Sociological Theory*, Vol. 19, No. 1, 2001, pp. 1 –23.

SusanMachum, "The Persistence of Family Farming in the Wake of Agribusiness: A New Brunswick, Canada Case Study", *Journal of Comparative Family Studies*, Vol. 36, No. 3, 2005, pp. 377 –393.

Sylvain Paquette and G. Domon, "Agricultural Trajectories (1961—1991), Resulting Agricultural Profiles and Current Socio-demographic Profiles of Rural Communities in Southern Quebec(Canada) : A Typological Outline", *Journal of Rural Studies,* Vol. 15, No. 3, 1999, pp. 279 –295.

—— "Changing Ruralities, Changing Landscapes: Exploring Social Re-composition Using a Multi-scale Approach", *Journal of Rural Studies*, Vol. 19, No. 4, 2003, pp. 425 –444.

Terry Marsden, "Beyond Agriculture? Regulating the New Rural Spaces", *Journal of Rural Studies,* Vol. 11, No. 3, 1995, pp. 285 –296.

—— "Agriculture beyond the Treadmill? Issues for Policy, Theory and Research Practice", *Progress in Human Geography*, Vol. 22, No. 2, 1998, pp. 265 –275.

—— "New Rural Territories: Regulating the Differentiated Rural Spaces", *Journal of Rural Studies,* Vol. 14, No. 1, 1998, pp. 107 –117.

—— "Rural Futures: The Consumption Countryside and its Regulation", *Sociologia Ruralis*, Vol. 39, No. 4, 1999, pp. 501 –526.

Terry Marsden, S. Whatmore, R. Munton and J. Little, "Uneven Development and the Restructuring Process in British Agriculture: A Preliminary Exploration", *Journal of Rural Studies,* Vol. 3, No. 4, 1987, pp. 297 –308.

ThomasFellmann and Judith Möllers, "Structural Change in Rural Croatia: Is Early Retirement An Option", *International Advances in Economic Research*, Vol. 15, No. 1, 2009, pp. 125 –137.

W. H. Furtan and R. S. Gray, "The Constitutional Debate: Some Issues for Agriculture", *Canadian Public Policy*, Vol. 17, No. 4, 1991, pp. 445 –455.

William H. Friedland, "Agriculture and Rurality: Beginning the 'Final Separation'?" *Rural Sociology*, Vol. 67, No. 3, 2002, pp. 350 –371.

五 书籍中的英文论文

Amitai Etzioni, "Communitarnism", in Borgatta, Edgar F., ed., *Encyclopedia of Sociology* (*Second Edition*), New York: Macmillan Reference, 2000.

StevenBrint, "Guide for the perplexed: On Michael Burawoy's ' Public Sociology' ", in Nichols, Lawrence T. , ed. , *Public Sociology: The Contemporary Debate*, New Brunswick: Transaction Publishers, 2007.

G. Wilson, " FromProductivism to Postproductivism... and Back Again? Exploring the (Un) changed Natural and Mental Landscapes of European Agriculture", *Transactions of the Institute of British Geographers NS*, 2001.

GunnarAlmgren, "Community" in Edgar F. Borgatta, eds. , *Encyclopedia of Sociology*, New York: Macmillan Reference, 2000, pp. 362 – 369.

H. Butcher, "Introduction" in H. Butcher, A. Glen, P. Henderson, and J. Smith, eds. , *Community and Public Policy*, London: Pluto Press. 1993.

I. R. Bowler, "Some Consequences of the Industrialization of Agriculture in the European Community", in Healey, M. J. and B. W. Ilbery, eds. , *The Industrialization of the Countryside*, Norwich: Geo Books, 1985, pp. 75 –98.

—— Bowler, "Sustainable Agriculture as an Alternative Path of Farm Business Development", in I. Bowler, C. Bryant, M. Nellis, eds. , *Contemporary rural Systems in Transition*, *Volume* 1, *Agriculture and Environment*, Wallingford: CAB International, 1992, pp. 237 –253.

—— "The Industrialisation of Agriculture", in I. Bowler, ed. , *The Geography of Agriculture in Developed Market Economies*, Harlow: Longman, 1992.

J. Furuseth and M. B. Lapping, eds. , *Contested Countryside: The Rural Urban Fringe in North America*, Brookfield: Ashgate Publishing Co. , 1999, pp. 7 –32.

J. Little, "Gender Relations and the RuralLabour Process", in S. Whatmore and T. Marsden, eds. , *Gender and Rurality*, London, 1994.

J. R. Bryden, " Some Preliminary Perspectives on Sustainable Rural Communities", in J. Bryden, ed. , *Towards Sustainable Rural Communi-*

ties: *The Guelph Seminar Series*, *University School of Rural Planning and Development*, Canada: Guelph, 1994.

J. Urry, "Capitalist Restructuring, Recomposition and the Regions", in Lowe Bradley, eds., *Locality and Rurality*, London: Geobooks, 1984.

James A. Christenson, "Themes of Community Development", in JamesA. Christenson and Jerry W. Robinson Jr., eds., *Community Development in Perspective*, Ames: Iowa State University Press, 1989, pp. 28 – 48.

K. Halfacree, "Contrasting Roles for the Post-productivist Countryside", in Cloke, P. and J. Little, eds., *Contested Countryside Cultures*, London: Routledge, 1997.

—— "Neo-tribes, Migration and the Post-productivist Countryside", in Boyle, P. and K. Halfacree, eds., *Migration into Rural Areas*: *Theories and Issues*, Chichester: Wiley, 1998.

——"A New Space or Spatial Effacement? Alternative Futures for the Post-productivist Country-side", in Walford, N., J. Everitt and D. Napton, eds., *Reshaping the Countryside: Perceptions and Processes of Rural Change,* London: Cambridge, 1999.

—— "Rethinking 'Rurality'", in T. Champion and G. Hugo, eds., *New Forms of Urbanization*: *Beyond the Urban-rural Dichotomy.* Aldershot: Ashgate, 2004.

—— "Rural Space: Constructing a Three-fold Architecture", in P. Cloke, ed., *Handbook of Rural Studies*, London: Sage, 2006.

Mark E. Warren, "The Self in Discursive Democracy", in White, Stephen K., ed., *The Cambridge Companion to Habermas.* Cambridge: Cambridge University Press, 1995, pp. 171 – 172.

Michael Humphrey, "Community as Social Metaphor: The Need for a Genealogy of Social Collectivities", in Devorah Kalekin-Fishman and Ann Denis, eds., *The Shape of Sociology for the 21st Century*, Sage Publications Ltd., 2012.

N. Walford, "Geographical Transition from Productivism to Postproductivism: Agricultural Production in England and Wales 1950s to 1990s", in N. Walford, J. C. Everitt and D. E. Napton, eds., *Reshaping the Countryside: Perceptions and Processes of Rural Change*, New York: CABI Publishing, 1999.

P. Cloke, "Conceptualizing Rurally", in P. Cloke, ed., *Handbook of Rural Studies*, London: Sage, 2006, pp. 22 –23.

—— "The Country", in P. Cloke, M. Goodwin, eds., *Introducing Human Geographies*, London: Edward Arnold, 1999, pp. 256 –267.

P. Lowe, J. Murdoch and G. Cox, "A Civilized Retreat? Anti-urbanism, Rurality and the Making of an Anglo-centric Culture", in P. Healey, ed., *Managing Cities: The New Urban Context*, London: Wiley, 1995.

R. Panelli, "Rural Society", in P. Cloke, ed., *Handbook of Rural Studies*. London: Sage, 2006, pp. 66 –67.

S. Wright, "Image and analysis: new directions in community studies", in Short, B., ed., *The English Rural Community: Image and Analysis*, Cambridge: Cambridge University Press, 1992.